渡

书的信仰

思想卷

新京报 / 编著

中央编译出版社
CCTP Central Compilation & Translation Press

图书在版编目（CIP）数据

渡：书的信仰（思想卷）/ 新京报编著.
-- 北京：中央编译出版社，2014.4
ISBN 978-7-5117-2004-7

Ⅰ. ①渡… Ⅱ. ①新… Ⅲ. ①书评－中国－现代－选集 Ⅳ. ①G236

中国版本图书馆CIP数据核字(2013)第311935号

渡：书的信仰（思想卷）

出 版 人：刘明清
出版统筹：贾宇琰
特邀编辑：朵桂英
责任编辑：李小燕
责任印制：尹 珺
出版发行：中央编译出版社
地　　址：北京市西城区车公庄大街乙5号鸿儒大厦B座（100044）
电　　话：（010）52612345（总编室）　（010）52612340（编辑部）
　　　　　（010）52612316（发行部）　（010）52612315（网络销售）
　　　　　（010）52612346（馆配部）　（010）66509618（读者服务部）
传　　真：（010）66515838
经　　销：全国新华书店
印　　刷：北京紫瑞利印刷有限公司
开　　本：143毫米×210毫米　32开
印　　张：8印张
版　　次：2014年4月第1版第1次印刷
定　　价：29.80元

网　　址：www.cctphome.com　　邮　　箱：cctp@cctphome.com
新浪微博：@中央编译出版社　　微　　信：中央编译出版社（ID：cctphome）

本社常年法律顾问：北京市吴栾赵阎律师事务所律师　　闫军 梁勤
凡有印装质量问题，本社负责调换。电话：010-66509618

渡：希望之书

很多朋友对我说，这是一个令人绝望的时代，因为越来越多的人不读书了。每当听到这样的话，我总会笑着回答："我不是还在读书吗？你家里不读的书，都送给我吧！"然后，朋友便也笑了，接下来又会说："不，我舍不得。我还要留着读呢！"

你看，在读书上，这并不是一个令人绝望的时代。事实上，很多人依然热爱阅读，书之于生活，也依然是阳光、空气和水。

不绝望，才会有希望。有希望，才会有未来。在希望与未来之间，我们需要为每一个热爱读书的人，"渡"一个方向，"渡"一条道路，"渡"一种信仰，"渡"一份美好。你在世界的这头，我在世界的那头，"渡"让彼此拥有了整个的世界，而"希望之书"则让"渡"成为可能，也让"渡"本身成了一种对书的美好信仰。

伴随着《新京报》的这10年里，《新京报·书评周刊》为读者"渡"的好书不胜枚举，很多人正是通过它感受到阅读的魅力，重新捧起一本本书，享受缕缕沁人心脾的书香，从雾霾沉沉的此世界，"渡"自己到清风明月的彼世界，给自己一份自由呼吸的权利，也给自己一份沐浴心灵的安宁。

现在，呈现在读者面前的文学卷、思想卷，只是近三年来《新京报·书评周刊》发表的极少一部分封面报道文章，文学卷里的所罗门·诺瑟普、托尔金、爱丽丝·门罗、谢默斯·希尼、黄永玉、薛忆沩、余华、莫言、陈忠实、彼得·海斯勒、木心、特朗斯特罗姆、王安忆、马尔克斯这14位文学家，思想卷里的麦克法兰、周其仁、梁漱溟、王阳明、朱大可、沈志华、李零、托克维尔、张英洪、贺麟、俞可平、熊培云、金克木、林怀民这14位思想家，也只不过是极少一部分我们曾经关注过的引"渡"人。但是，他们来过，闪亮过。

这些文学家、思想家，在人类群星璀璨的天空里，虽然很可能只是一颗颗小小的流星，但是，读一读他们的故事，品一品他们的思想，至少可以让你"渡"一段小小的美好时光，到雾霾之外的清新世界里去。你可以不认同他们的故事，更可以不认同他们的思想，不过，通过和他们的心灵对话，你一定能收获一份思想操练的健康，一份精神充实的饱满。这就足够了。一本薄薄的小书所能创造的价值，本来就很有限，我们也不梦想它能做到更多。更多的东西，在梦之外，它不属于我们所生活的世界，只属于神格外眷顾的仙境。

我的好友、国家阅读工程形象大使朱永新教授曾说："一个人的精神发育史，就是他的阅读史。一个民族的精神发育史，就是它的阅读史。"我非常认同。在很多人精神发育不全的今天，在中国国民性同样精神发育不全的今天，捧起一本书来，从此岸"渡"向彼岸，从绝望"渡"向希望，正是此刻的我们需要做的。所以，你还等什么呢？打开书，"渡"吧，给自己一个全新的世界。

曹保印

2014年3月12日

目录

渡 思想卷

01 麦克法兰

你够现代吗？

剑桥大学人类学家麦克法兰专为中国读者写了一本《现代世界的诞生》，通过描绘现代化过程中英格兰的形象，为中国读者树立一面清亮的镜子，提供反思与憧憬的可能性。与此同时，英国历史学家克里斯托弗·阿兰·贝利也于近期在中国出版了他的同名书籍《现代世界的诞生》，从全球史的角度叙述现代世界的形塑过程。

[采写 / 新京报记者 / 朱桂英]

非黑即白的世界观是孩子气的

历史的丰饶：一经洞察，大吃一惊

大多数人听到艾伦·麦克法兰这个名字，估计首先会想到他写的那本畅销书《给莉莉的信》。

书中的麦克法兰，是一个睿智有趣的老爷爷，他耐心地帮助孙辈在自我与世界之间达成一种进退有度的关系：世界令人迷乱，但理解迷乱并将其当作现实，多少会让人不那么迷乱。人会焦虑、孤独、迷茫，但如果迷茫与挣扎被认为是必然的遭遇，接纳这种必然性，你就会与"孤独、迷茫"和解。

在学术界，麦克法兰的名字伴随着一圈又一圈荡漾着的争议站立成一个独特的孤岛。他是兴致勃勃的观察者，剑走偏锋的侠客式讲述者，在他的作品里，没有倚靠理论的周全雅正，也没有"造深渊，升堂奥"的孤绝之气，他所擅长的，是钩沉传奇，然后带着浓郁的个人兴味，以寻常话语娓娓道来，《玻璃的世界》、《茶叶的故事》都是这样的作品，使得读者可以借助一种特定的物质穿越古今，迅速探看历史的变迁。

麦克法兰的父母是印度北部阿萨姆的茶叶种植者，他成长于斯，然后在牛津大学获得历史学位，当同学们用香槟庆祝通过结业考试时，他闷闷不乐地躲进了图书馆，想要寻找自己真正感兴趣的东西，被他找到的是巫术，他首次研究作品，即是关于都铎和斯图亚特时代英格兰的巫术。

在研究巫术的过程中，他发现英格兰的巫术很不一样，很端庄，没有淫乱；很饱足，没有饕餮之欲或是杀人越货；很独立，女巫们都是单独行动的。之后他又研究同一时期英格兰的婚姻情况，发现彼时英格兰的婚姻模式就很现代，由个人独立选择，追求爱情。按照他此前的历史训练，中世纪的英格兰应该是黑暗的，没有人性的，充满奴役的，与当下生活有着巨大的差异，却没想到，他在史料中遇见的英格兰，很特别，很摩登。

一个意味深长的研究细节是这样的：麦克法兰涉猎了一批17世纪的日记，其中包括一位神职人员拉尔夫·乔斯林的日记，他惊愕地发现，拉尔夫非常现代，他的家庭生活、对子女的态度、经济焦虑，都是艾伦自己非常熟悉的模式，他的动机和行为，简直与现代人亲密无间。"一经洞察，我不由得大吃一惊，与大学教给我的东西截然相反，与我的许多老师和同事所接受的公认知识也完全不同"。

1978年写成的《英国个人主义的起源》，是最能体现麦克法兰的"侠客"气质的。在那部书中，他认为很多历史学家其实是以论代史，按照某种理论框架（往往是来自学术权威的），预先建立了自己对历史的猜想，然后找证据来证实自己的猜想。而他自己则从研究13—17世纪英格兰的档案中发现，所谓的"农民社会"，根本就不是历史学家说的那样，没有那么贫穷落后，那么热土难离，也没有那么父权至上，相反，它有私有产权，有平衡而开放的政治制度，有自由与平等。

《英国个人主义的起源》出版后，当时有学者发表书评说，如果麦克法兰是对的，那么他就是历史学界的爱因斯坦，那位学者同时很淡定地说，不过麦克法兰显然不是对的，因此大家不用改弦更张。只是，几十年过去了，史学家已经广泛认同了麦克法兰的观点。

麦克法兰非常享受自己这种"一经洞察，大吃一惊"，他说，自己的整个学术历程，不是在象牙塔中建立一个学术宝座，而是与更多人分享自己的惊奇和兴奋。

观察者的行动：为现代性拼一副七巧板

麦克法兰是一个典型的苏格兰姓氏。知道这一点，也许可以获得理解他所谓的"现代"的一个隐秘的线索。在未完全展开对现代的诠释之前，我们可以在理论的略嫌抽象的层面探测一下这个词，首先，是马克斯·韦伯的声音，他说现代化的过程就是工具理性的扩张，现代意味着，社会发展的过程不是其自发演进的，而是人制定了目标，有意识地推进的，目标的制定、达到目标的手段以及过程，都渗透了人的理性。这样的表述，让人很容易嗅到法国启蒙运动的气息。

但苏格兰有自己特殊的启蒙传统，苏格兰的学者们，比如大卫·休谟、亚当·斯密、亚当·弗格森、约翰·米勒等，他们并不相信理性有能力创造出完全合乎理性的社会，人的理性（或者说理性的人）本就是与其自身所在的文明相互塑造成长的，理性不能跳出自己所在的文明创造另一个文明，社会进步必须以传统以人性为基础。无限放大理性的作用，在启蒙时代对人有解缚之功，但无助于深入理解世界。麦克法兰对此熟稔于心，在他的书中，他也如休谟、斯密那样，依持人性的特质来解释社会生活。

在成为一个人类学家之前，麦克法兰一直在寻找一个体系，可以整合关于人生活的各个方面，并且可以解释人生存的价值与意义。他也开玩笑说，自己是一边秘密地寻找这样的体系，一边研究历史，然后迎面撞上了人类学。

而在他眼中，人类学所提供的最大的贡献是，让其他领域的学者意识到，人类的文化状态，源自人最自然的本性、文明的类型，最初是源于人对行动模式的偶然选择。他所欣赏的历史观是这样的："一切历史研究的最重要的理由，必须是它可以提高我们的自觉，使我们能够透视地看待自己，帮助我们通过自我认知而迈向更加自由的境界。"

所以，麦克法兰的现代，从表面看，是一种生活方式：有尊严地生活，自由而体面地追求财富，张扬个人风格，追求爱情，珍视友情，要求个人权利得以确立与保障，有超越此时此地的历史感与价值感。其根基是，自由的、有独立思想的、能为自己的行动承担责任的个体。

那么这样的人是如何产生的？麦克法兰所遇到的分析困境在于，人与其所在的社会不能相互剥离，人与社会有一种有趣的对应关系，有怎样的人，就有怎样的社会；有怎样的社会，就有怎样的人，此二者如一枚硬币的两面。

这个困境，在他如侦探般追索英国个人主义起源时就撞见了，他的解决方式是承认与理解：恰巧有英国这样一个社会，产生了英国式的个人主义，这个文明的立足之本，是个人，仅凭个人串联着相互分立的经济领域、社会领域、宗教领域、政治领域，每个个体都是社会的完整缩影，都有其内在的权利和责任。

以英格兰为例，从一个农耕世界变成一个工业世界，是一组相互关联的特点导致的结果，经济、法律、政治、文化等，每一个特点都必不可少，但是任何特点都不是现代性的十足起因，麦克法兰努力做的，就是把这些特点之间的关系摆正确。

现代性的秘密：一种精神气质

英国历史学家保罗·约翰逊有一本书，叫作"现代"。他说，现代世界是从1919年5月29日开始的，因为在这一天，人们拍下了日食照片，证实了爱因斯坦的相对论，而此前统治世界几百年的牛顿的经典力学，在量子物理学面前低下了头。相对论以及与之相关的偶然性，闯入人们的头脑，影响人们对世界进程的看法，以及对宇宙的看法。

那是关于现代的另一种传奇，一个气势非凡的理念撞击了人们的头脑，使得人不得不成为现代人。在麦克法兰的讲述中，一个现代人的养成，需要缓慢的嬗变的过程，追索那些湮没于历史深处的变因，同样令人激动。

"我在英格兰发现其早期踪迹的现代性，是一种道德上的模棱两可和相对主义"，麦克法兰所谓的道德上的相对主义，正是莎士比亚塑造的那种人物形象：性格复杂矛盾，天堂和地狱时隐时现，互相冲突，才能与邪恶、天资与情欲相互作用，在一定的情势下，人的品德可以变成邪恶，善良可以变成软弱。而美国心理学家菲利普·津巴在近400年之后，通过斯坦福监狱实验才正式宣告，在特定的情境中，好人可以变成恶魔。

善与恶相互依存，甚至相互滋养，在经济学家伯纳德·麦德维尔的《蜜蜂的寓言》中则构成了这样的图景："细看个人皆是邪恶附体，聚集成众后却成福地。"人类能够通过理性和自我否定而获得真正的美德，但这些都不是社会的基础，相反，此世之恶（包括道德和天性上的），才使人成为了社会动物，人的私利与七情六欲构成了自然的社会资源的分配机制。这正是"私人的恶德，公众的利益"。

麦克法兰认为，单向度地追求善，或者涉足私人生活，要求私人的善与公共的善合二为一，都是孩子气的，要承认善恶的相对性，迫使人在契约关系中追求公共的善。而追求私利，首先要恰如其分地认识自我，并且辨析出真正有利于自我的利益与欲想，则诞生出了一整套教育逻辑及日常方式，鼓励个人风格，鼓励个体认识自我、承担自我、实现自我。

和韦伯一样，麦克法兰也探入了宗教的内部，发现其中的一股潜流：基督教是首位的，修道院组织代替了家庭，使得个人与家庭分离，各人要背负自己的十字架，"人的仇敌就是自己家里的人（马太福音）"，如此，社会则实现了去"家庭化"。

而英国又与其他基督教国家不同，在历史上突然出现了一个为了离婚而与罗马教廷决裂的君主（亨利八世），他使自己成为英国的最高领袖。在一本由美国历史学家克雷顿·罗伯茨等撰写的《英国史》中，他们用略带调侃的语调写道：

　　如果没有亨利为了跟自己不喜欢的妻子凯瑟琳离婚，不惜与罗马教廷决裂，那么英国就不可能成为一个新教国家。如果克伦威尔没有劝说亨利使用议会作为离婚的工具，那么议会制

麦克法兰希望与更多人分享自己的惊奇和兴奋。

麦克法兰说，英国人很注意培养孩子的文化归属感。

度在16世纪的作用将会小很多。同时又由于亨利对战争虚荣心的追求导致皇室变得赤贫，使得议会在整个社会中的地位大大提升，于是英国式的虚君立宪登上了历史舞台。

历史的有趣与丰饶，往往就在这完全没法用理念、逻辑来推断的真实中。另外一些与现代世界相关的因素，比如全新的财富生产方式，科学的、有能力去质疑反思的认知方法，都结伴而来。

所有这一切，在回溯之中，仿如互相咬合的齿轮，一轮轮彼此制力互相调动，让麦克法兰兴奋不已。

真正难求的，是人心的现代化

相信对于很多将关切的焦点放在中国的读者而言，真正有着启明功效的，是《现代世界的诞生》中那些佐证何为现代的细节。

英国的现代化是一道长长的弧线，而不是激烈的转型，或者勇莽地告别过去，故而，当下与过去之间的关系，对于英国人而言，不是截然相对的两个世界的界限，而是一道若有若无的薄暮，他们穿越时间穿越空间，身后拖曳着一大堆无用的行李。就像卡墨茨所说，"英国人优哉游哉地穿行在薄雾之中，有时向右一拐，看见一队骑士从一座有壕沟的城堡中疾驰而来，有时向左一拐，看见一群机器人从摩天大楼的顶层飞翔而出。"

这句由麦克法兰转引自托克维尔的话，放在当下中国的语境中看，多少是有点刺眼的：政治的时间、社会的时间和物理的时间互相关联。若对祖先不感兴趣，任性地斩断了历史的网络和经线，那么，由于长期沉浸在物质目的的追求中，人们对时间的态度、对历史走向的看法也会彻底改变。

麦克法兰最津津乐道的是英国教育体系的设计宗旨：教人们思考，包括如何记忆、辩论、反驳、试验新思想、发明新的解决方案，以及如何说服他人。回到个人，麦克法兰有一个比喻：国家是你所生活的地方，社会就像你所嫁给的对象。在国家与社会之外，独立的人有自己的价值，不能随意被取消，英格兰之所以足够现代，是因为它自13世纪后，就不存在强有力的群体，把个体当作一枚螺丝钉吸纳其中。

与此紧密相关的是英格兰的社会凝聚力，它靠的是一种共同的传统。这种共同的传统，构建了人们的归属感和共同体感，所以英格兰学校教育中，从来没有刻意的爱国主义，这其中的文化逻辑是这样的：越是学习自己民族的历史、文化，就越能顺便培养其深厚的忠诚意识和爱国热情，不需要直接教育。英国人甚至形成了这样的习惯，若身在国外，会刻意把子女从海外送回祖国，接受密集的"英格兰性格"的灌输达10年或以上。一旦有了文化的归属感，大家就会自动给自己贴上标签，变成了"我们"。

麦克法兰在书中尤其强调，英国上层人士的阶级基础是财富，物质的成功带来尊重，成功者为此骄傲，因为财富的入门是美德、能力，外加大量的策略与机遇，是精英主义的；用以匹配社会流动性的，不是权力、血缘关系，而是一种个人的荣誉感，即诚实、工作、守契约、重承诺、讲公平，这种与个人之成就与完善相连的荣誉感，才是英格兰现代化最大的保障。

为了免于被批评欧洲中心主义，麦克法兰在书中只是很谨慎也很礼貌地说，中国自古以来是一个立足于集体的文明，当前正站在一个十字路口，其政治秩序和社会秩序还有待规划，究竟何去何从，不是他作为一个旁观者能够提供答案的。而在私下的谈话中，麦克法兰说，其实物质的现代化，以及资源配置方式的现代化，甚至制度的现代化等，在一个全球化的时代，都不是可遇不可求的，真正难求的，是人心的现代化。

[撰文 / 武汉大学历史学院学者 / 刘仲敬]

谁之现代？谁之世界？

知识结构有偏差错位

艾伦·麦克法兰的《现代世界的诞生》选择了一个误导性的书名。从作者的宗旨看，本书显然应该命名为"英格兰如何塑造现代世界"。他不仅是西欧中心论者，而且是英格兰特殊论者。他的"现代世界"等同于"英格兰传统"，早在中古时期已经蔚然可观。而世界其他地方，即使在近代都不存在。英格兰是世界的种子，西欧和全世界的现代性都是它的苗裔，现代人都是英国人。

麦克法兰的关键词是"分离"。"分离"在他的体系中，重要性相当于"科层"在马克斯·韦伯的体系中。"分离"产生于11世纪的英格兰，伟大的传统从未中断。个人主义、私有财产和市场体系与英格兰习惯法互为表里。所谓"现代社会的核心特征"，其实就是英格兰封建自由的本来面目。从大宪章到维多利亚时代，英国社会没有发生实质性变化。全世界大多数地区称之为"现代"，无非因为他们只能从外界引进业已成熟的现代性。

早在1978年，作者就在《英国个人主义的起源》中系统地论述了这些理论。《现代世界的诞生》是一系列零散专题文章的合辑，论系统性其实不及前书。读者如果不了解前书，可能会对本书提出一些非常低级的质疑。科克、梅特兰和斯塔布斯一直将财产权视为日耳曼习惯法和封建自由的固有成分，上世纪70年代以后的英国史研究者越来越倾向于将"光荣革命"视为"光荣复辟"，实际上都是从不同的侧面支持麦克法兰的主张。

麦克法兰本人却没有这样做。他明显偏重社会学、人类学和文化研究视角，因此经常不得不以薄弱的证据支持敏锐的洞见。他最有力的证据本来应该来自宪法史、制度史和区域研究，这些领域却不是他的强项。

1978年以后，麦克法兰开始接受并滥用日本史学家速水融的"勤劳革命"概念。速水融的意思是：水稻种植区走进了劳动密集型增长的死胡同，增加的人口消耗了增加的产量。因此东方经济发展没有促发西方那样的近代化链式反应，后者的特点是增加的产量大大超过了增加的人口。

彭慕兰运用逆向思维和外行的胆大妄为，发明了"大分流"概念，支持与原作者相反的主张：东方才是世界经济的中心，近代化的革命意义言过其实。目前坊间流传的"大清GDP占全世界三分之一"之类的故事都是彭慕兰学说以讹传讹的结果。

麦克法兰居然也会借用"大分流"和"勤劳革命"的概念，不同之处在于：他把大分流放在加莱海峡，将皮卡迪和西贡之间的人类统统打入"旧制度"范围。他的核心要点比彭慕兰正确得多，因此从技术上讲没法反驳。我们可以在黑死病、敞田制、丹法区与苏格兰边区的细节问题方面提出质疑，但不会影响论断的整体。

至少英格兰东南各郡，早在地理大发现以前，甚至可能早在爱德华三世时，就已经不在马尔萨斯门槛内。与此同时，东亚水稻种植区的总产量上升和人均产量下降并行不悖，在马尔萨斯陷阱内越陷越深。

全书在涉及法律和官制的部分最为薄弱，这一点非常可惜；因为英格兰习惯法与资本主义的关系实在太密切，资料又是世界上最丰富的。考虑到作者的观念，他居然无法有效地加以利用，只能说知识结构确有偏差错位。一旦进入家庭结构、社会结构和文化思想的领域，他立刻就恢复了良好的自我感觉，颇有彼得·伯克挥洒自如的风范。

对此，我们只能说：麦克法兰毕竟还是披着历史学家外衣的社会学家和人类学家，"软性"的材料更符合他的偏好和特长。新政治史和经济史是他的短板，但他的良好洞见往往能弥补弱点。攻击他的疏略是容易的，但这种攻击几乎不会影响他的结论。如果有各方面训练有素的专业历史学家替他弥补资料的不足，他就是不可战胜的。

贝利发明了自己的关键词"标准化"

贝利的《现代世界的诞生：1780—1914》比较名副其实。他反对西方中心论，将现代性视为百川归海的全球性进程，影响是多元和相互的。一般来说，这样的著作很容易变成散漫无章的资料辑录。

作者对此似乎颇有警惕，发明了自己的关键词"标准化"。现代性意味着"标准化"的巩固和普及。"标准化"与韦伯的"科层"在很大程度上重叠，但适用范围更广，贯穿各种亚文化和职业团体。本书的实证研究具备年鉴学派的许多特征：强调全球各区域的共时性，认为整体史观是史学的基础，尤其重视观念史和文化史，将自然科学的工具和材料引入史学。

"多中心的历史进程"只是一种"政治正确"的话语。作者承担了一项异常困难的任务：将东方从被动变成主动，从旁观者变成参与者。他只有依靠三种工具：沃勒斯坦的世界体系论；布罗代尔的"世界时间论"；彭慕兰和弗兰克的东方中心论。后者除了蓄意歪曲和技术错误以外，确实没有任何内容。

然而，时髦爱好者和政治宣传家总是人数众多。贝利的反西方中心论迫使他采用彭慕兰和麦克法兰都无法接受的方式：他将西北欧、中国、日本、印度、非洲提高劳动强度的做法全部纳入"勤劳革命"范围，否定它们存在质的区别；将工业革命列为全世界勤劳革命的共同产物。也就是说：如果没有华南水稻种植者和印度纺织工人的勤奋，英国工业革命不会发生。

　　如果这种理论成立，同样的推论方式其实完全可以证明：如果中国人没有在山区种植红薯，美洲黑奴就不会在甘蔗种植园内受苦了。工业革命既然是全世界各文明的共同成就，黑奴贸易自然也是全世界各文明的共同罪恶。中国农民固然对两者都没有直接参与；但如果没有他们的间接支持，两者都不可能存在。

　　布罗代尔对本书的影响比较值得赞赏，但也不是完全没有问题。我们都知道：这位大师强调日常生活、政治活动、世界格局三个层次的划分，但从来没能解释清楚：这三个层次之间存在怎样的互动关系。他本人的著作满足于分层次地罗列资料，把要害问题的解释留给了后人。然而直至今日，仍然没有任何传人光荣地完成这项宏大任务。大量罗列资料的做法同样有严重问题。不同资料的可信度相差甚远。贝利并没有表现出他比布罗代尔更善于应对这些难题。他试图证明：欧洲中心论是现代化研究的歧途，1848年欧洲革命和同时代的太平天国、南亚武装暴动存在内在的因果关系，历史是全球多因素共同作用的产物；但他辛苦搜集的材料与欧洲中心论者的材料几乎没有什么差别。我们不能不严重怀疑：华夏中心论是东亚研究的歧途，苏州园林与北海道虾夷人的渔船存在内在的因果关系。一切结果都与一切因素有关，那就很难判断：甘地的素食主义到底是造就或损害了美国的大萧条，还是造就或损害了德国的集中营。

　　在世界体系的问题上，贝利实际上延伸了沃勒斯坦的理论。他将1800年以前的大西洋贸易和殖民主义称为"原始全球化"，将

1780—1820年的"世界危机"视为现代世界的起点。他对"东西方平等"的前提如此执著，以至于为我们描绘了"共时性"的全球帝国共同衰落史，包括：波斯帝国、神圣罗马帝国和莫卧儿帝国。他告诉我们：这一切都是帝国过度扩张的结果；但他没有解释：同时代的奥斯曼帝国、俄罗斯帝国应该属于哪种情况，班图人和占城人有没有促成或阻止这种衰落。"世界危机"引起了"革命时代"。革命不是一国内部的革命，而是世界体系的革命，体现于英法争霸、殖民和结盟战略，结束于维也纳会议。

然而，这又是一个非常"欧洲中心"的现象。如果造就现代世界的危机和革命体现于英法两国，我们不得不得出结论：要么这是欧洲中心论的另一种表述形式，要么就是作者忘了说明廷巴克图王国或布哈拉埃米尔国在这些事件中的共同作用或内在因果关系。

最后，我们已经不再惊讶地听说：1900年，现代世界的效仿典范体现于日本而非英法。我们开始胡思乱想：或许，参加八国联军的日本军队在北京纪律严明，符合标准化的定义，这是现代性的体现。或许，日本加入国际警察行动，同时体现了东西方多因素的协同效果，这才是现代性的体现。中国人、暹罗人、越南人确实颇有模仿明治帝国的冲动；但俄罗斯或阿根廷会模仿日本超过模仿英法，似乎需要更多的说明。然而，作者仍然无可奉告。他无可奉告的场合未免太多了一点，正如他乞灵于多因素解释的场合。

如果你喜欢一位问题意识强烈的人类学家涉猎历史，就选择麦克法兰；如果你喜欢政治正确而不太在乎解释力，就选择贝利。

现代世界
的诞生

[英] 艾伦·麦克法兰 主讲
刘北成 / 评议 刘东 / 主持

清华大学国学研究院 主编

世纪出版集团 上海人民出版社

02 周其仁

一个人的"城乡中国"

检索周其仁的照片，大部分都是演讲照，神情专注，并有着丰富的手势，这似乎是关于周其仁在公共空间里的姿态的写照：以言论介入现实。周其仁早年在黑龙江下乡，其中在完达山狩猎七年半，猎人的形象与公共言说的形象叠加在一起，意味深长：世界坦然无忌地呈现自己的残酷、罪恶以及静谧与优美；猎人则机警顽强，置身其中寻觅自己的生活与价值，又置身度外旁观世变时迁。我们可以在周其仁的文字中找到这样的机警与顽强，他发现问题的敏捷，与浓郁的现实关怀，以及进退有度的批判意识，都让他的文字显得清健理性，有一种不屈不挠想要击中时代症结的努力。

[采写 / 新京报记者 / 吴亚顺]

从完达山到朗润园

　　顶着有些花白的头发，周其仁先生进入了新的采访。在隔壁房间，一个采访刚结束。

　　近日，周其仁出版了两本新书《改革的逻辑》与《城乡中国》。从1979年开始，他关注城乡发展，密切参与中国改革，对时事发表看法，乐在其中。《城乡中国》如今出版上册，还在写作过程中，和他的经济学研究一样，处于未完待续的状态。

　　无论是调查研究，还是求学、治学，周其仁向来温和、理性，写文章专业，做学问严谨，不空喊口号，不故作惊人之语。在当代中国经济学家中，他被认为"挨骂最少"。

　　周其仁的人生也在城乡间穿插奔走。1968年，18岁的上海青年去黑龙江下乡，其中在完达山狩猎七年半。1979年，考入中国人民大学经济系，回到了城市。毕业后，在被誉为"中国农村改革之父"的杜润生的指导下，从事农村改革发展的调查研究，研究题目包括土地产权、乡镇企业以及农村经济和国民经济。1989年，去英国、美国求学。

1996年，周其仁回到国内，在北京大学中国经济研究中心任教，开设多门课程，带领学生在城市、乡村开展调查研究。他曾说："早就知道，自己当不成象牙塔里的学问人。也许这是经历决定的，因为我们这一辈人，先深入了社会，有了很多观察和思考，然后才有机会接受科学训练。这样，很自然就格外关心真实世界里的问题，倾向于到书本知识以外的世界里求解。"从完达山到朗润园，周其仁对城乡中国的关切，在真实世界里求索的精神，延续至今。

完达山的猎人

2010年，周其仁带着一家老小，包括80多岁的母亲在内，回到了在黑龙江下乡的地方。现在来看，他当年"像一颗螺丝钉一样"，被摁在那里。

作为知青，周其仁插队的经历并不顺畅。1967年，他前往江西，想在那里插队，"结果江西还在武斗，吸收不了人"，只好返回上海。次年，上海学生对口去黑龙江插队，周其仁成为了其中的一员。从上海到北大荒，火车向前，城市越来越远，四天三夜之后到达东北农村，一路上，周其仁强烈地感受到了城乡差距。

来到黑龙江农场，一般先被分到农业排，要割草、锄地、扛粮食等等，"人没有什么苦吃不了，干这些农活，我们没有不适应，反而以此为荣，觉得越艰苦的地方越是大有作为"。"这是我们那一代人的特点。"周其仁说。

在农业排，农业劳动表现好，才能去机务排开拖拉机，"这是最吸引年轻人的事情"。没有成功开上拖拉机，在农业连队劳动半年，周其仁被分到完达山打猎，直至1976年才下山。

打猎是农场的一项副业。在深山老林，周其仁和师父住自己盖的茅舍，大多吃小菜园里种的菜。他跟着师父打猎，主要学习捕鹿，挖了很多陷阱，每天要走几十里山路，四处巡视。"如果鹿掉进去死了，可以吃肉，还有一张鹿皮的收益。如果在陷阱里鹿还活着，那抓来养殖，发展成一个鹿群，产出鹿茸，经济收益就更大了。"

和千千万万个年轻人一样，周其仁当时的理想是要去缩小城乡差距，"一代年轻人为什么要下乡？就是因为城乡有距离，我们想通过改造农村，把农村建设好。"周其仁至今还记得，当时有一个"动员令"，内容就是要缩小城乡差距。

回忆起来，63岁的周其仁笑了笑。他对记者说："当时不是通过发展城市来带动乡村的发展，缩小城乡差距，而是让城里人下乡，把城市的力量咔嚓一下送到农村去，后来证明这条路走不通。"如今，周其仁称"上山下乡"运动为乌托邦，因为"理想主义色彩太浓"。

重回下乡农场，教周其仁捕猎的师父已经去世，当时和他年纪一般大的"农二代"受教育的程度高，大多已不再从事农业。走访时，问当地人，知青到底带来了什么变化？其中被肯定的变化有两条：知青到当地小学做了老师，师资水平比过去高；知青去了医院，医疗条件有很大改善。

对于周其仁个人，"上山下乡"运动也带来了很多益处，"除了锻炼身体，体格强壮之外，更重要的是，你毕竟了解了社会实际情况，不会有那么多想当然的东西，你看报纸，听广播，看样板戏，不会有这样的经验。"在他看来，社会出了问题，"不能跟着书本走，在想象世界里打转，不能假装问题不存在"。

这一经验影响深远。2006年，周其仁出版《真实世界的经济学》一书，提出在开展经济学研究时，要立足真实世界。"真实世界的经济学"不仅是他个人网站最显著的标题，也成为他学术生涯奉行的基本准则。

神秘九号院外的小伙伴

1977年的年末，在农场的大喇叭里，周其仁听到了恢复高考的消息，"以前是'挑'人上大学，现在是自己'考'，感觉命运掌握在我的手里，当时特别激动。"

那是具有划时代意义的一年。中国进入改革开放和社会主义现代化建设的新时期，知青返乡，学校撤销红卫兵组织，安徽凤阳点燃包产到户的"星星之火"，恢复全国高考。这一年，无数中国人的命运发生改变。

政策之变突如其来，周其仁却在无意中作了充分准备。到农场不久，他的父亲不断从上海给他邮寄书刊，寄书的同时，连续编号，"最后有好几百个号码"。书寄得多了，引起农场工作人员的注意，把周其仁叫下山，进行面试，想要他在农场教马列课。面试他的教官，是日后被称为"改革四君子"之一的朱嘉明。最后，他被留下教课，"到底是小城镇，信息灵通，恢复高考的消息出来后，第一时间就接收到了"。

第二年，周其仁顺利考入中国人民大学经济系。此后，他参加校内外多种读书活动，有一次聚会，他听到了安徽凤阳包产到户的消息。其时，朱嘉明已经来社科院读研究生，两人不时结伴参加活动。谁也没有想到，参加这类活动的一位人大老师，把当时一些青年人的想法转述给了自己父亲的战友杜润生。杜时任国家农委常务副主任，对学生们的议论颇感兴趣，还把他们约去交谈。

1981年，以部分北京在校大学生为主成立了"中国农村发展问题研究组"，立志研究中国农村改革和发展面临的重大问题。周其仁回忆，研究组成立时，杜润生曾到会讲话，他说："农民不富，中国不会富；农民受苦，中国就受苦；农业还是落后的自然经济，中国就不会有现代化。"

影响周其仁学术路径的学者们

杜润生（1913年7月18日—），资深的农村问题、
农村改革重大决策参与者和亲历者，被誉为"中
国农村改革之父"。年轻的周其仁曾在其领导下
展开研究工作，他认为："杜润生老先生是一个
很重要的转换器，既接地气，又能通天。"

盖尔·约翰逊(1916—2003)，著名经济学家。主
要研究领域为农业经济学、中国经济改革与经济
发展等。他热爱中国，喜爱中国学生，周其仁在
美国留学期间，被其学术态度触动，他觉得约翰
逊做学问的态度，与杜润生对真实社会问题的态
度，是高度一致的。

罗纳德·哈利·科斯（1910—2013），英国经
济学家，曾获1991年诺贝尔经济学奖。科斯曾表
示："中国的奋斗就是世界的奋斗，中国的经验
对全人类非常重要。"周其仁在留学期间阅读了
科斯的全部著作，但未曾谋面，回国后才与科斯
在关于变革中国的研讨会上相见。

这之后，国家农委开具介绍信，"拨一点调查经费"给研究组，周其仁和小伙伴们便利用暑假开展农村调查研究。在调查走访时，周其仁也觉察到了农村的变化。在黑龙江下乡10年，他最大的感受是"农村没有什么变化，去的时候是那样，走的时候还是那样"，但进入80年代，农村已经发生了明显的变化，"特别是实行包产到户之后，农民种田更有积极性了，这其中也有新的问题出现，但正是变化的结果"。

中共中央农村政策研究室，1982年取代国家农委，在西黄城根南街九号的院子里办公，杜润生任主任。往后七年，"九号院"成为了农研室的代称，从神秘九号院里发出的五个中央一号文件影响着中国社会的时代进程。周其仁不曾在九号院办公，但研究调查工作由"九号院"直接领导，"所以，从大学毕业前开始，我们一直在杜润生指导下工作"。

此时，周其仁的身份认同是"研究员"，"我们研究的是中国农村改革的问题"。这与杜润生的领导风格也有关系，他有意不让研究人员走行政官员的路子，农村第一线来的人、不同部门的人、左派或右派的人都为他所用。周其仁表示，如此宽松、自主性强、相互激发的研究环境十分难得，"此后再也没有遇见过了"。

"杜润生老先生最善于从这些人之中提取信息，进行加工、讨论，使得大多数人都能接受，然后跟更高级别的领导对话，形成政策。"采访中，周其仁对记者解释道："所以，他是一个很重要的转换器，既接地气，又能通天。"

洋插队

1988年夏天，周其仁随着访美团到了斯坦福大学。在该大学最高建筑胡佛塔上，同行的体改所的一个青年说："我一定要到这里来读书。"当时，周其仁想也想不到自己会到美国来留学。命运再次发生了转变。周其仁在英国作短期访问，准备返回北京，却因突发事件去往美国，走上了留学之路。"我根本没有打算来，只随身携带了一套西服。你看，时势比人强！"周其仁笑着说。

在美国，他像所有留学生一样，学英语、上课、泡图书馆，"这样一来，就把下乡前后学业上的亏空给填满了"。1990年秋天，经芝加哥大学盖尔·约翰逊教授的介绍，周其仁到芝大经济系做访问学者，为期一年。

到了芝加哥大学，周其仁才知道因为自己开展农村调查研究，盖尔·约翰逊才推荐他做访问学者。"约翰逊是一位研究农村问题的学者，和经济学家科斯一样，热爱中国，喜爱中国学生"，研究过中国的粮食问题、教育问题，也批评过计划生育政策中的"一胎化"，他最触动周其仁的，当属其治学态度，"到中国来访问，四处了解实际情况，生了病，用推车推着还要去参加研讨会。"周其仁认为，求学问的精神没有东西方之分，约翰逊做学问的态度，与杜润生对真实社会问题的态度，是高度一致的。

周其仁谈及的科斯是1991年诺贝尔经济学奖得主，他是产权理论的奠基人，曾提出交易成本理论，有人认为他的理论对中国的经济改革影响深远，经济学家张五常则认为，"究竟科斯的思想有没有真的影响了中国改革的策划，我不能肯定"。事实上，1964年以后，科斯一直在芝加哥大学任教。在芝加哥大学图书馆，周其仁把能找到的所有科斯的著作都读完了，"但从来没有想过要去找作者本人"。

"这么大的教授，我怎么能随便去访问他，而且我的英语也词不达意……"面对朋友们不断的询问，周其仁只好这样作答。其实，他内心真实的想法是："获得思想主要靠阅读他的著作，而不是当面拜访。"

2008年，即改革开放30周年之际，时年98岁高龄的科斯，亲自倡议并主持召开"中国经济制度变革30周年国际学术研讨会"。研讨会现场，科斯对中国发出让私企自由竞争、打造一个自由的土地市场、中国经济学者要从黑板经济学回到真实世界等十大忠告，最后表示："我是一个出生于1910年的老人，经历过两次世界大战和许多事情，深知中国前途远大，深知中国的奋斗就是世界的奋斗，中国的经验对全人类非常重要。"

在这次研讨会上，周其仁提交了一篇题为"邓小平做对了什么？"的论文，并且第一次见到科斯。会后第二年，他没有依循过去"只阅读著作不当面拜访"的成见，特意去美国拜访了科斯。当时，科斯正和助手王宁修订《变革中国》一书。

9月2日，科斯在芝加哥去世，对他的回忆、对他的经济思想的阐述，成为了最近一段时间周其仁手头的"重头戏"。刚刚出版的

《改革的逻辑》中，周其仁摘录了一段2008年在纪念中国改革30年的研讨会上提交的论文："我们有幸目睹了历史性的一幕：一个实事求是的经济学家离开了'看不见之手'支配一切的理论原点，向企业家协调与价格机制协调并用的真实世界出发；一个实事求是的政治家离开了计划经济的教条，向市场与计划并用的体制前进——他们'会面'的地方不是别处，恰恰就是改革的中国！"

非典型经济学家

"中国的奋斗就是世界的奋斗"，科斯的这句话，很容易让人联想到所谓的"中国模式"。事实上，科斯认为，中国的市场经济还处在早期发展阶段，不是某个模式的问题，而是一个开放的自我变革的过程。

科斯这一看法，在周其仁看来是中肯的。他说："我们的经济学家好像有了另一种倾向，读懂了中国，似乎就读懂了全世界。但是，我总觉得，不该着急，中国有发展经验，这个经验本身还在变化，急急忙忙称之为'中国模式'，比较鲁莽，不太可取。"

上世纪90年代，中国乡镇企业风生水起，国际学术界对此也有很多讨论，其中一些学者想把它模式化，他们"认为乡镇企业不是私人资本主义，不是国家主义，也不是斯大林模式的社会主义，而是以社团为基础的最好的发展模式"。有一年，一个学术研讨会在杭州举行，参会前，周其仁先考察了一番，发现以苏南模式为代表的集体乡镇企业正在发生变化，"在改制过程中"。来到会场，他觉得一切都显得那么可笑，"你写的论文，还没等你发表，研究的对象已经发生变化了。"几年后，这些论文已经烟消云散。

对真实世界的执著探索，贯穿周其仁的整个学术生涯。1996年，他结束留学之路，回到国内，在北京大学中国经济研究中心任教，不久即去"接地气"，参加了一项从黄河引水到太原的大型工程的研究工作，历时三年。

此后，周其仁带领学生对绵阳、上海等地的劳动市场、山东淄博的资本市场、电信业市场，组织了系列调查研究，1997年至2001年，开展有关乡镇企业和国有企业产权改革的研究。接着，城市化带来的土地问题成为其调查研究对象，考察了成都、长沙、深圳等城市。

在评价成都经验时，周其仁认为："成都经验最重要的一点就是以确权为基础，先确定这是农民的地、农民的房。然后再谈转让、流转、市场化重组。确了权，农民才有权算账，合算不合算，参加还是不参加。或者看明白了，再参加第二期也不迟。"在城乡二元划分的土地制度之下，土地确权的缺失，使得失地者无法也不可能充分分享城市化的利益，而成都经验呈现了一种新的可能。

回到国内的近20年时间里，他撰写了大量专栏文章，看起来并没有一个中心，他流连于真实世界，他的批评绵里藏针，"一片和风细雨"，与玩弄概念、崇尚尖锐、语不惊人死不休的时下流行的经济学家相比，可算是一个非典型经济学家。

财经作家苏小和认为："他不会和体制形成一种紧张关系，也不会远离，他会借助体制之力，慢慢释放自己的力量。周其仁的这种方法论自有渊源，当年他在杜润生老先生门下学习、工作，便深得个中奥秘。"

周其仁对"公共经济学家"这一名号避而远之。"学者的发言可能有公共效益，但别把他的意图夸大成本身就是如此。我从来不是以公共经济学家的身份在发言，就是个人一点好奇，一点表达的愿望，有时候就是受到一点刺激有几句话想说一说。什么公共经济学家的头衔，有点离谱了。"他笑了笑。

采访时，周其仁完全处在自我的回忆、讲述的状态里。结束之后，他背着包下楼，来到大街上，第一句话是："这是哪里？"

[采写 / 新京报记者 / 吴亚顺]

[对话周其仁]

"人的城镇化"是重要的国家态度

中国社会的集聚度远远不够

新京报：你曾认为，中国未来的最大机会，开放之外的一个机会，是城市化。为什么？

周其仁：这是讲经济问题。从国土资源的角度来说，中国的平地少，不应该变成什么"农业大国"，早该城市化，早应该变成工商业大国。所谓"农业大国"，完全是政策、制度发挥作用的结果，中国从春秋战国开始打仗，打仗需要粮食，就发展农业，历朝历代强压着搞农业，陷在"以农为本"这个逻辑里头。这错了，你只要给点经济自由，人们就会行动。我在农村观察，你看农民往哪里跑，有跑去再搞农业的吗？为什么跑去搞工业、服务业？收入在教他。

我们的经济自由还是初级的，通常来说，集聚带来很大好处，产生很大能量。现在的集聚度远远不够，还是很散，这是因为行政主导。我的看法是，如果增加经济自由，社会要素的集聚会变成中国经济又一个爆发点。

集聚带来很大机会，但是有一个前提，行政主导的这一套要彻底改变。集聚是机会，也是挑战，如果不解决行政主导等问题，机会来了，你也抓不住。

新京报：现在城镇化率提高了，但是小城镇多，大城市不够，发展到一定程度变成了经济增长的障碍。怎么解决这个问题？

周其仁：你要给它相对的自由。我们现在的问题是，人们要来的地方，给挡上，人们不去的地方，给放开，这都属于一厢情愿的事情。天天讲小城镇，讲了几十年，有什么好讲的？想去的人自然去了，但没有多少人去，小城镇装不下，也满足不了去的人的需求。其实，应该顺应潮流，人们集聚的地方，就增加承载能力，城市扩大起来，地铁修起来，楼盖起来。但是，你看，堵得不行的地方，我们不增加投资，却投向没人的地方、人们不去的地方，怎么行？

新京报：在《城乡中国》这本书中，你提到"看不懂的中国城乡关系"，国家工业化如火如荼，城市大门却对农村日益紧闭。这样的局面是怎么造成的？

周其仁：现在工业化发展迅猛，城市大门却对农村紧闭，这是城乡割裂多年的结果。其实，城乡打通之后，人们自己会行动。我们去成都考察，那里的农村修了很多好房子，空气也好，城里的老年人就往那里去，农村的年轻人则进城打工。这就是挺合理的一种生活方式，比很多人规划的要合理得多。总而言之，开了门，城市才能发展。怎么开门？要一项项来，土地可以流转，人可以跑来跑去，孩子可以自由择校等等，这其中，有很多是政府要做的事情。

拥堵是城市有希望的标志

新京报：现在有一个现象或者说趋势，人们把城市作为赚钱的中转站，城市少福利，房价高，污染严重，只能逃离大城市。你怎么看待这一现象？

周其仁：不是这样，从统计来看，有逃离大城市的，也有来到大城市的，大概还是来的多。这个势头不可抗拒，比较每个人的净收益，还是大城市高，这也是为什么很多人千难万难在大城市耗着、坚持着的原因。这也不必强求，你把选择权给个人，你不用讨论，去大城市、中等城市，还是去小城市，那是他的自由。我想，只要有流动体制，人的流动就会慢慢趋于合理。

这里还可以谈谈"人的城镇化"，人的城镇化需要人的权利去保障，说穿了，政府你再为他好，不如他自己为自己好，你让他为自己好，然后看他为了解决自己的福利问题、经济社会问题，遇到了什么困难，哪些困难是政府可以帮忙解决的。这是正确的为政之道。在我看来，市场经济就是这么一种体制，以人为主，人居第一位，你服务于他。

新京报：城市化与中国社会的发展到底是什么样的关系？

周其仁：专制社会里，人住得稀散，有一个广播传达各种命令、消息，你就服服帖帖了；如果这些人聚到一起，是没有那么容易服帖的。在城市里，人们高密度集聚，公共空间大，互动频繁，思想相互激发。城市化迅猛发展，城市发展，变化也随之而来，扩大法治、扩大民主等问题，没办法逃避。高密度人口的互动，带来很多难以估量的力量，本身就会朝着现代化方向走，这逃不开，躲不掉。当然，它所带来的挑战，管理、医疗、教育等也得迅速跟上来。

城市化这个事情，可不能小看，它难以驾驭，国家之前对它保持警惕，一直抱有抵触态度。这几年，在国家层面上，总算发生了变化，你看李克强提到"人的城镇化"，真是时来运转，到了这个时候了。这是很重要的国家态度。

新京报：城市化的过程中，也有很多负面作用，会影响到城乡中国未来的发展。

周其仁：对，最大的负面影响，是画地为牢的行政体制为主导的投资，乱建了很多空城。积极的因素，我们可以看到，有希望的城市蛮多，具体表现为：大家都想去、拥堵、违法建筑很多、"城中村"死活不让你拆……其实，这都是有希望的标志，这说明大家都看好这个地方。

讨论思想市场的时候到了

新京报：9月2日，经济学家科斯去世，"思想市场"的讨论一下子火热起来。

周其仁：对。现在有很多社会问题，大家谈得很多，到了讨论思想市场的时候了，思想市场公开的讨论也很有必要，有些歪理产生，就是因为没有公开讨论过，如果讨论过，很多事情就不会发生了。

社会上也是如此，一个铁道部长怎么会有这么大的"油水"？最近丁书苗的案子，是很好的教材，搞定一个人怎么能得到几十亿元的收益？这说明我们制度中的漏洞太大，不公开的东西太多。要知道，市场很大程度上是公开的，价钱、利益，都要摊开。倒过来，又会走到另一个极端，会认为中国人心太坏，道德压力太大。这样一来，是不是又要像当年那样"改造"人了？

新京报：延伸开来，是人心重要还是制度重要？

周其仁：人心都差不多，同样的人，可能是天使，也可能是魔鬼，就看你在什么样的限制条件下。你说，吃一顿饭，要晒账单，你看谁敢吃？他就不吃了，会克制自己的私欲。你说，这件事情没人知道，那你我人性中恶的东西就会膨胀起来。所以，要有一个制度的约束，其中公开化是非常简单的一帖药。

增加透明度，提高公开化程度，实际上能够动员包括事后定义为"贪官污吏"的那些人心理中的积极因素。贪官不是天生的，拿刘志军来说，当年在铁道部门像个疯子一样抓项目，也不能说没有做过好事，问题是，现实让他心中善和恶的哪一面占了上风，他有更多的机会表现善的部分，还是有更多的机会表现恶？说穿了，政治体制改革是要让政治家心里善的一面多有机会表现。

新京报：相比于经济改革，政治改革的滞后越来越受关注。

周其仁：是的，我也写过，经济改革触动了既得利益，还可以给予补偿，但是政治权力，有点麻烦，损害了以后怎么补偿？比如物价放开，原来管物价的人员的权力就没有了，怎么给他补偿？要补也补不起，那是巨大的利益，不补，就成为改革阻碍。政治改革难就难在这个地方，补偿之道不容易寻找到。

新京报：在当前情况下，进一步改革的动力何在？

周其仁：不接受就是改革动力。我们的社会经过辛亥革命，经过"五四"运动，经过共和国的建立，包括对传统文化的放弃，公平意识变得很强，比如你贪污，绝大多数中国人不接受。这是动力，你需要很有智慧地去驾驭它。说来说去，还是我说的那个"改革的逻辑"：政治改革很难，不改又不行。

03 梁漱溟

行动的儒家

梁漱溟曾说："我生有涯愿无尽，心期填海力移山。"95岁人生，他的身份有：国学大师、社会活动家、哲学家、教育家、思想家、社会改造运动者等等。身后25年，这些身份都已经如浮云消散，留存下来、可供流传的，是他的精神、他的思想，是他作为儒者为农民四处奔走、为家国奋力呼吁的行动家的身影。

[采写 / 新京报记者 / 吴亚顺]

行动者梁漱溟：我生有涯愿无尽

[行动致良知] 延续儒家实践传统

马勇是最早研究梁漱溟的学者。上世纪80年代，他去见梁漱溟，其时，梁漱溟已经反应迟钝，"问什么事情，都回忆不起来"。

在马勇看来，梁漱溟是一个需要重新认识的人物。梁漱溟的95岁人生，致力于研究儒家学说和中国传统文化，以其广博精深的学问、独立的品格、自由的思想被学术界称为"最后的大儒"。1979年，美国学者艾恺出版《最后的儒家——梁漱溟与中国现代化的两难》，把梁漱溟称为"最后的儒家"。该书获得过费正清东方最佳著作奖。

"所谓'最后的儒家',是艾恺胡说八道,他不知道在梁漱溟之后,中国又出现了多少儒家。"马勇对记者说:"艾恺当年只是找到了一个写作、访谈话题,他就说梁漱溟是中国最后的儒家,我从来都不这么讲。"

对于梁漱溟身上"最后的儒家"这一标签,华东师范大学教授、学者许纪霖认为,这只是一个象征性说法,并不是单纯指称梁漱溟个人,而是以梁为代表的整个民国知识分子即最后一代儒家。在许纪霖看来,传统知识分子绝大多数都是儒家知识分子。"1905年科举制度废除以后,没有了科举功名,儒家知识分子在身份上画上了句号,但是精神直到1949年才整体消失,梁漱溟作为民国儒家知识分子的代表,从这个意义上来说,是最后一个儒家。"

民国时,出现了一批新儒家,包括熊十力、梁漱溟、张君劢、钱穆、冯友兰等学者,"他们执著于发展儒家的义理",在大变革时代,新儒家的发展引发了中国传统文化的巨大回响。与其他新儒家学者不同,在梁漱溟身上,"儒家的实践传统表现得更为强烈、明显"。

1924年春,梁漱溟到山东曹州高中演讲,提出"农业立国"主张。同年,31岁的梁漱溟辞去北京大学教学职务,开始寻找"中国问题"的答案,探寻中国出路,付诸实践。1927年,梁漱溟应当时"广东省的铁腕人物"李济深之邀,远赴广东,希望在那里实践乡治计划。按照梁漱溟自己的解释,乡治"即从乡村自治入手,改造旧中国"。

"放着北大教授不做，梁漱溟居然去进行乡村建设的尝试，这是很不容易的。因为在他看来，儒家的义理不是在课堂谈谈就可以，而是要在生活中特别是乡村生活里去实践的。"许纪霖说。

[承担时代的使命] **1929年的主题之行**

1927年，梁漱溟前往广东开展乡治教育，决定开办一个乡治讲习所，培养一批从事乡治的人才，希望以教育的方式完成乡村建设。次年4月，他还向国民党中央政治会议广州分会递交了《请办乡治讲习所建议书》，但迟迟没有得到答复，开办乡治讲习所的设想落空。1929年春，梁漱溟离开广州，"带了一帮人从南到北"，开始了一场以乡建运动为主题的考察之旅。

当时，乡村建设运动蔚然成风，全国乡建机构和团体达600个之多，数个地方的乡建活动规模较大、影响空前，有识之士热情奔走，积极行动，以求救活农村，复兴农村。最初，国民政府只是袖手旁观，乡建运动风起云涌之际，南京国民政府后来也以官方姿态直接或间接参与类似活动。马勇表示，这要注意到当时国民政府的政治背景，他们希望有不同的尝试，寻找出路，因此对各个省的发展模式并没有规范。这自然给知识分子提供了绝佳机会。

"这是时代使然。"接受新京报记者采访时，乡村建设人士欧宁认为，西方思潮涌入，对中国传统文化造成了巨大的冲击，当时的知识分子们都认识到，急需着手改造中国，改造农村，急需开发民智。

　　在这场主题旅行中，梁漱溟参观了陶行知在南京创办的晓庄师范学校、黄炎培在江苏昆山创办的乡村改进实验基地、晏阳初在河北定县创办的中华平民教育促进会实验区、阎锡山在山西开展的村制改革实验等。他甚至向陶行知"借"了三个学生来帮忙做事。

　　欧宁认为："这样的考察，包括后来的乡建实践，为梁漱溟的论述提供了现实支撑，不是阅读典籍而来，而是通过社会实践获得。"这其中，不只是乡建理论论述，乡建运动本身这件事情，梁漱溟的这次旅行，日后也收到了意想不到的效果：和各地乡建运动领导人建立联系，为后来的乡建提供经验、教训，坚定了他从农村入手解决中国问题的信心。

　　作为当代乡村建设的践行者，欧宁非常重视梁漱溟的乡建理论。他觉得，乡建理论方面影响最大的非梁漱溟莫属，"他有各种深入的论述，有理论与行动的结合"。"我觉得任何社会运动，都要有论述，要把行动、思想通过论述来和人们分享。这一方面，梁漱溟做得最棒，我也学习过。"说这番话的时候，欧宁正在自己开展乡建项目的地方安徽黟县碧山村。

　　2011年8月，欧宁和他的小伙伴们发起举办首届"碧山丰年祭"活动，"丰年祭"本是中国传统农耕社会的一种祭祀仪式，他们借用这一仪式名称，冀图恢复和重建这种由来已久的乡村公共生活，赋予它新的社会文化内涵。不过，"碧山丰年祭"举办了一届即告夭折，去年活动开始前被迫取消。

"现在，我们的乡建活动变得日常化，不再有大型活动，没有什么外来人参与，只是和村民开展内部学习、交流对话。"欧宁说。

[启蒙与启明] "土匪只好去隔壁县了"

考察乡建运动后回京，梁漱溟通过教育家王鸿一的介绍，认识了河南人梁耀祖、彭禹廷等人，当时他们得到河南省政府主席韩复榘的支持，正在筹办河南村治学院。于是，梁漱溟又应邀到河南开展村治实验。1930年1月，河南村治学院开学，梁漱溟讲授乡村自治组织等课程。

然而，不到一年时间，中原大战爆发，支持者韩复榘调到山东任省政府主席，河南村治学院难以为继，于当年10月解散。在征得韩复榘同意后，河南村治学院的部分同仁迁往山东，1931年3月，梁漱溟在山东邹平县成立乡村建设研究院。在这里，梁漱溟开展乡建运动的时间最长，影响最大，邹平的乡村建设很快成为全国乡建运动的"领头羊"，"是当时中国人超越政党而救国的卓越努力"。

乡村建设研究院下设三个机构，分别是乡村建设研究部，研究乡村建设理论，制定有关计划、方案和政策；乡村服务人员训练部，负责训练乡建人才；乡村建设实验区，以交通方便、自然条件理想的邹平为实验区。邹平确定为实验县后，该县的全部事务都由研究院管，县长由梁漱溟等人提名，山东省政府按照提名任命。

除了组织管理权，乡村建设研究院在邹平还有治安权。在挂有

50

一渡一

梁漱溟手书"行其所知"书法条幅的邹平住处，梁漱溟长子、今年88岁的梁培宽幼时曾住在此地，他对记者回忆道："那时候，研究院从地方上挑选年轻人，加以训练，组成民兵队，这样，每个村都有自己的保卫力量，土匪就只好去隔壁县了。"

在治安、管理之外，研究院积极发展合作社，利用合作形式来引进科学技术，增加生产，提高农民收入。创办乡学、村学，把教育社会化，也借此培养村民的政治习惯，"训练乡下人对团体生活及公共事务的注意力与活动力"，培养村民自治组织的能力，从被动变为主动，来创造文化，改造农村。甚至还成立一些道德协会，以相互监督、清除落后习俗，有的村还编写了《早起歌》，唱道："黑夜过去天破晓，朝日上升人起早，勤俭孝友，慈幼敬老，乡村风俗自好，力田而食，布衣亦尊，天下将太平了。"

这些行动都让清华大学教授、学者许章润颇为感触。上世纪80年代，许章润曾面见梁漱溟，并提问。他对记者说："现在讲乡村建设，是要解决农村凋敝的境况，比如怎么解决农村空心化的问题，把乡村建设当成了一个工具，而不是像梁先生那样，要传达价值理念。"

[被终止的改良] **以出家精神开展乡建**

在邹平，梁漱溟致力于发挥农民的主体性作用，他曾论述道："乡村建设之所求，就在培起乡村力量，更无其他。力量一在人的

梁漱溟,从少年到晚年。其脸上的神情,正是不同生命阶段的梁漱溟的内心写照。少年时的迷惘,中年时的坚毅,晚年时的傲然,至人生晚景,道出"我生有涯而愿无尽",仿佛是与自己、与世界达成了一种和解。

知能，二在物资，而作用显现要在组织。凡所以启发知能，增殖物资，促进组织者，都是我们要做的。然力量非可由外铄，乡村建设之事，虽政府可以做，社会团体可以做，必皆亦本地人自作为归。"

欧宁认为，从乡村文化的内部着手，是梁漱溟在开展乡村建设时和晏阳初的差别所在。也就是说，晏阳初在定县举办的平民教育促进会，是从教农民识字入手，来提高农民的知识水平，这之后再解决其他问题；梁漱溟是从精神训练入手，从传统文化汲取营养，培养团体意识、集体精神、关切公共事务的能力，这之后自动组织起来从事乡村建设运动。

邹平乡建运动历时七年，其间山东省政府将邹平经验推而广之，至1937年，实行乡村建设管理的县已经超过70个。但是，随着日本的入侵，乡建运动被迫结束。对于这七年，梁漱溟后来认为："……在当时乡间也是不无效果的。诸如实验区乡村之社会秩序、经济发展、文化教育、民情风习等方面，均有好的变化和气象。"同时，他也坦承："我落到同许多社会改良主义者一样，终归未能真正解决中国问题。"

在许章润看来，乡村建设要解决中国问题，正反映出梁漱溟儒者的特点，"为苍生起，奔走于大地"，"儒者是要实践儒家学说，要身体力行，有一种宗教般的救世情怀，现在有一些新儒家学者，天天在说我是一个儒者，说完可能就唱卡拉OK去了。"

实际上，梁漱溟确实有一种救世情怀，在一篇题为"以出家精神做乡村工作"的短文里，他表示："现在我来做乡村运动，在现在的世界，在现在的中国，也是同和尚出家一样。我同样是被大的问题所牵动，所激发；离开了朋友，抛弃了亲属，像和尚到庙里去般地到此地来。因为此事太大，整个地占据了我的生命，我一切都无有了，只有这件事。"

采访时，许章润对记者说："梁先生从来都是在家国天下这个大框架里来思考具体问题，你们写文章，一定要把这句话写进去。没有这个眼界、眼光，瞎嚷嚷有什么用？但这正是一般人忽略的问题。"许章润认为，梁漱溟的乡村建设实际上就是国家建设。马勇也认为，这种本土的乡村实践，是梁漱溟在转型时代最重要的贡献，他给出了一个路径。

对于这一场乡建运动，学界持论不一，有人认为它以失败告终，有人觉得只是"未完成"。梁培宽对这两种看法都不赞同："如果一项运动要开展20年，但只进行了7年，成功或者失败谁能说得清楚，如何来评估？"

[入世的痴狂] **中国文化的托命者**

乡村建设运动之外，梁漱溟同样挥洒着他的儒家入世情怀。从晚清、民国到1949年以后，中国文化已经风雨飘摇，"这棵大树差不多要被吹断了"，许纪霖认为，在这一紧要关头，梁漱溟自觉承担了"文化托命之人"的角色。"所谓托天命，在这个时候，他把自己理解成了文化的托天命者。"

梁漱溟的儒者之狂，可以从他遭遇的危险经历中找到解释。1942年2月，梁漱溟自日本占领下的香港脱险后，给儿子梁培宽、梁培恕写了一封信，即《香港脱险寄宽恕两儿》。信中，梁漱溟对两个儿子说："前人云：'为往圣继绝学，为来世开太平'，此正是我一生的使命。《人心与人生》等三本书要写成，我乃可以死得；现在则不能死。又今后的中国大局以至建国工作，亦正需要我；我不能死。我若死，天地将为之变色，历史将为之改辙，那是不可想象的，万不会有的事！"并说，"我的安危自有天命"，这包含有两层意思，"头　层是自信找一定平安的意思"，"再一层是：万一有危险，我完全接受的意思"。这些话，遭到包括熊十力在内的很多人的讥讽。

这封寄给两个儿子的长信，写于1942年初。次年7月，梁漱溟又在信后附有一则简短的"后记"，最后一句话写着："其中狂妄的话，希望读者不必介意，就好了。"

说到这一则轶事时，许纪霖会心大笑："很多人觉得他狂，实际上，不是他狂，而是他觉得自己是承担了中国文化天命的人。"许纪霖认为，在转型时代，自觉怀抱中国文化使命，是知识分子最为重要的承担。除了梁漱溟，熊十力、马一浮等大儒都是"文化托命之士"，"他们受到阳明学影响，他们对社会的真正关怀，不是政治，是文化"。他们都试图"不使文化失传，不使文化停滞不进"，"绵续文化而求其进步"。

在《最后的儒家》一书中，梁漱溟也向访问者艾恺表示："孔子和王阳明是圣人"，他自己只是一个普通人。与其他普通人不同的一点是，他"在雾中远远地看见了孔子是怎么回事，王阳明是怎么回事，远远地看见"。

"这些人继承了王阳明的传统，王阳明认为我心即世界，内心的良知涵盖了整个世界。传习阳明心学的人大多比较狂，但这个'狂'，不是虚妄，而是有实际内容，比如梁漱溟自认为承担了文化使命，并且这样做了。"许纪霖解释道。

1953年，梁漱溟当众顶撞毛泽东，提出"农民生活在九天之下，工人生活在九天之上"，向毛泽东要雅量，至今仍然被学术界津津乐道。有评论者认为这一时期，梁漱溟的儒者之狂走到了顶峰。许纪霖认为："在当时，没有人有这样大的勇气，这次梁漱溟所表现出来的狂，是一种文化意义上的政治担当，背后也是因为他认为自己承担了'天命'，代表了农民。"

梁漱溟这种儒者之狂，如今来看，饱含着一种时代的忧伤。"现在的绝大部分知识分子，都是学者专家，为稻粱谋，有专业精神，但不再有以天下为己任的担当。中国社会仍然处在转型期，我们还需要梁漱溟式的人物。"许纪霖说。

（参考书目：梁漱溟：《梁漱溟全集》、《乡村建设理论》、《我生有涯愿无尽——漱溟自述文录》，艾恺：《最后的儒家》，梁漱溟、艾恺:《这个世界会好吗》、《吾曹不出如苍生何》,梁培宽:《梁漱溟先生纪念文集》,李渊庭、阎秉华:《梁漱溟先生年谱》,汪东林:《梁漱溟问答录》,祝彦:《"救活农村":民国乡村建设运动回眸》。)

[撰文 / 林建刚]

乡村建设运动的分歧与遗产

[1] 如何分配农村土地？ ——以梁漱溟、董时进为例

在梁漱溟看来，乡村建设运动的关键之一在于发展农村经济，尽快让农民富裕。鉴于农村中土地分配极不合理的现象，在乡村建设运动中，梁漱溟一直坚持土地公有制的主张。在梁漱溟自述文录《我生有涯愿无尽》中，他说：

> 人类日趋于下流与衰败，是何等可惊可惧的事！教育家挽救不了；卫生家挽救不了；宗教家、道德家、哲学家都挽救不了。什么政治家、法律家更不用说。拔本塞源，只有废除财产私有制度，以生产手段归公，生活问题基本上由社会共同解

决，而免去人与人之间生存竞争。

对于土地公有的主张，"独立评论派"的董时进则是反对的。作为农学家，董时进深知土地乃是农民的命根子，失去土地的农民其实就是待宰的羔羊。

后来，两人都是民盟的委员。1945年民盟召开全国代表大会，会议采纳了梁漱溟的意见，提出以"废除封建土地所有制，实行土地国有"作为民盟政纲。董时进则坚决反对，认为"中国农村经济问题不是土地所有制问题，而是改良生产技术问题"。为了坚持自己的主张，董时进于1947年脱离民盟，自建中国农民党。

虽然在1958年，梁漱溟依然用犯言直谏的方式为广大农民说话，但他的土地公有的主张一直没有改变。一边希望马儿吃得饱、跑得好，一边希望马儿不吃草，这是梁漱溟的困境。

[2] 如何救济农村——吴景超的答案

对如何救济农村的问题，独立评论派知识分子也有自己的答案，这其中最有代表性的知识分子是吴景超。

在《发展都市以救济农村》、《再论发展都市以救济农村》中，吴景超发表了自己的观点。他说：

中国农村中人口太多，嗷嗷待哺者众，是农村中最难解决

梁漱溟　　　　　　　　吴景超　　　　　　　胡适　　　　　　　陶行知

的一个问题。农业中已经无路可走了。我们只有希望全国的都市，从发展工业上努力，那么一部分的农民迁入都市，固然可以有立足之地，就是那些留在乡下的农民，因争食者减少，生活也可略为舒适一点了。（吴景超：《第四种国家的出路》，商务印书馆2010年版，第94页。）

作为研究都市社会学的社会学家，吴景超分析欧美发达国家的经验，得出一个结论：即全国人口中农村人口所占的比例越低，国家经济发展就越快，国家就越发达。由此出发，吴景超主张大力发展城市，通过城市中工商业的发展，吸引农村的剩余劳动力来到城市，成为市民，这样既繁荣了城市经济，又减轻了农村人口数量，为农民减轻了负担。为此，吴景超分别从工业、交通、金融这三个方面入手，阐释了城市的发展如何带动农村发展的思路。

几十年过去了，反观当下的"城镇化"发展策略，我们不得不佩服吴景超的战略眼光。在吴景超看来，乡村建设并不仅仅是发展生产、输入资金、教授知识等问题。乡村建设的关键在于让农民进城，成为市民，这种身份的转变既繁荣了城市，也复兴了农村，成为中国走向现代化的必由之路。

[3] 平民教育，还是公民教育？——以胡适、陶行知为例

民国时期，乡村建设的一个重要内容是大力发展平民教育，在

这方面的典型代表是晏阳初与陶行知。这里专谈陶行知与胡适在这个问题上的思考。

陶行知与胡适，两人有很多的相似之处，他们都是安徽人，又都是留美的学生，同时也都是杜威的学生。但两人对教育的思考上，很有一些不同。

1920年代，陶行知曾就"平民教育"的问题和胡适有过讨论，其关于"平民教育"的方法还受到过胡适的启发。据李伶伶、王一心的《胡适与陶行知：两个安徽佬》介绍：

> 有回陶行知问胡适："你家里可办平民教育吗？"胡适说能。陶行知又问："谁教咧？"胡适说："我的车夫可以教。"陶行知顿受启发，一个教一个、被教的在学的同时又可以教下一个的"连环教育法"在他头脑中明晰起来。（李伶伶、王一心：《日记中的胡适——他和影响了那个时代的他们》，陕西人民出版社2008年版，第132页。）

然而胡适似乎不太热衷平民教育。1930年7月21日，胡适在日记中说：

> 我深信一个民治的国家里应该人人识字，但我希望从儿童教育下手，我不赞成今日所谓"平民教育"。成人的习惯已成，不易教育。给他们念几本《千字课》，也没有什么用处。

（《胡适日记全集》第六册，联经出版社2005年版，第196—197页。）

与平民教育相比，胡适更青睐于公民教育。两者虽然只有一字之差，但却有所区别。平民教育的对象多是乡村成年人中的文盲，公民教育的对象则更多的是世界观、人生观尚未定型的、年龄偏小的受众。二者最鲜明的区别在于：与成年文盲相比，年龄小的更有可塑性，成效更快，影响也更深，幼年的习惯可以影响一个人的一生。

在教育上，如果说陶行知奉行的是"普及"的原则，那么胡适则具有更多的精英主义色彩，他更关注的则是如何"提高"。1920年9月20日，胡适在北京大学开学典礼上有《提高与普及》的演讲，胡适说：

> 我不希望北大来做那浅薄的"普及"运动，我希望北大的同人一齐用全力向"提高"这方面做工夫。要创造文化，学术及思想，惟有真提高才能真普及。（《胡适文集②》，人民文学出版社1998年版，第67页。）

旨在普及的"平民教育"的背后，如果走到极致，就有走向民粹的危险。20世纪30年代，许多知识分子主张走向"民间"，为了更好地教育平民，他们当时致力于创建一种为群众所喜闻乐见的"大众语"，并使用这种民间语言与民众沟通。他们原本希望通过教育来"化大众"，却往往在教育过程中被"大众化"了。一旦知识分子本身的话语方式向平民靠拢，知识分子本身的独立性与纯粹性就丧失了，最终的结果往往是"文艺为工、农、兵"服务，这种从思想、情感、立场等各方面向农民靠拢的民粹倾向，开启了知识分子思想改造的先河。

[4] "农复会"的经验

民国的乡村建设运动中，常被忽略的是"农复会"的经验。"农复会"，即中国农村复兴联合委员会，它的成立与抗战胜利后美国对中国的经济援助有关。当时，鉴于中国农村经济的落后，美国专家建议与中国相关农业专家合作，一起促进中国农业的发展。这样，于1948年10月1日，依据所签《中美经济合作协定》，由美国拨款，由中美双方专家组成的"农复会"在南京成立。

当时派遣来到中国的美国农业专家是穆懿尔，他是胡适康奈尔大学的同学，国际地位很高，中国的相关专家则有晏阳初、沈宗翰、邹秉文、钱天鹤等农学专家，都是当时中国第一流的知识分子。因此，"农复会"这个机构，在当时属于既有钱又有人才的一流机构。

后来，"农复会"转移到台湾。到了台湾之后，"农复会"对台湾农业的发展，发挥了至关重要的作用。其详细情况，可见台大历史系教授黄俊杰所做的口述历史作品《农复会口述历史》。

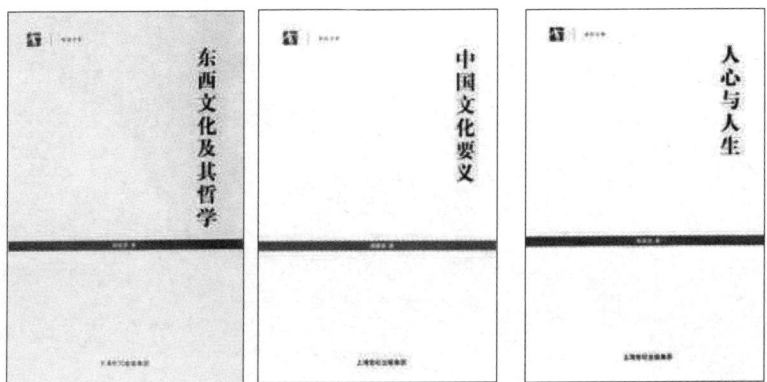

东西文化及其哲学

中国文化要义

人心与人生

此心光明

近几年来，屡屡有人出言敬服王阳明，且高调重申"一生伏首王阳明"，其中有功利者，服叹阳明之功，也有求善者，心慕阳明之学。无论是权贵优势者，还是无权弱势者，似乎都在王阳明那里求得一己之所需，权谋之智、经世之才、安心之论，如此等等。不乏有取巧书商，为自己所贩的相关书籍，冠之各种广告语：修炼强大的内心、开启正能量、获得完美人生，仿佛王阳明为万能之神，可成就人所欲的美善。此中的夸张与乖谬，也许会让静心研修王学的人感到不适，但却可以从中一瞥时代精神的底色。

[采写 /＊新京报记者 / 邓玲玲]

一生低首拜阳明

[回顾] **历史转折处的王学**

1905年，日俄战争结束，日本获胜，举国欢腾。天皇亲自接见班师回国的联合舰队司令官、海军上将东乡平八郎。人们纷纷走上街头，一睹这位立下赫赫战功的海军战神真颜。走在队伍前列的东乡平八郎，随身携带的一块印章牌子引起了注意，上书：一生低首拜阳明。

这里的阳明，所指为我国明朝的大思想家——王阳明。

王阳明，原名王守仁（1472—1529），字伯安，号阳明子，谥文成，人称王阳明，是明朝一位在立德、立言、立功上皆取得超凡成就的儒家圣贤。他承继朱熹的程朱理学，创立了心学一派，后来流传到日本，直接助推了倒幕运动与明治维新。

近代以来，日本各界出现了诸多王阳明的追随者，如倒幕领袖西乡隆盛、久坂玄瑞，明治元勋伊藤博文、高杉晋作，三菱创始人岩崎弥太郎，国立银行创始人涩泽荣一，首相大隈重信，作家三岛由纪夫，企业家矢崎胜彦，管理学家稻盛和夫，等等。

1908年，一位来自浙江的留学青年，在日本目睹了王阳明的流行。他在日后的自述中记载道："我早年留学日本的时候，不论在火车上、电车上或渡轮上，凡是旅行的时候，总看到许多日本人都在阅读王阳明的《传习录》，许多人读了之后，就闭目静坐，似乎是在聚精会神、思索精义。"

这位有志青年，当时名为蒋志清，后来他研究王阳明的著作，以王阳明的名言"大中至正"，改名为蒋中正，他后来更习惯被国人称为蒋介石。

1932年，蒋介石在对青年的演讲"中国的立国精神"中说道："要知道日本所以致强的原因，不是得力于欧美的科学，而是得力于中国的哲学。他们日本自立国以来，举国上下，普遍学我们中国的是什么？就是中国的儒道，而儒道中最得力的，就是中国王阳明知行合一'致良知'的哲学。他们窃取'致良知'哲学的唾余，便改造了衰弱萎靡的日本，统一了支离破碎的封建国家，竟成了一个今日称霸的民族。"

蒋介石把王阳明的心学奉作立国精神，且将知行合一与孙中山的"知难行易"结合起来："总理所讲的'知难行易'的知，同王阳明所讲'致良知'与'知行合一'的知，其为知的本体虽有不同，而其作用是要人去行，就是注重行的哲学之意，完全是一致的。"

民国时期，还有一位为王阳明改名的名人，叫陶行知。

崇拜王阳明心学的蒋介石，最终没能成功改造中国。1949年败退台湾后，蒋介石与他崇拜的王阳明，在大陆一起被扫进了历史的垃圾堆。此后几十年，王阳明成为中学课本上主观唯心主义哲学家代表而被批判，至于他的生平事迹，则长期不为人所知。

退居台湾的蒋介石，将一座草山改名为阳明山，在海峡的另一边继续思考王阳明。

72

[粉丝] 近几年开始涌现？

"原来一人内功练到一定境界，往往会不知不觉地大发异声。后来明朝之时，大儒王阳明夜半在兵营练气，突然纵声长啸，一军皆惊，这是史有明文之事。此时杨过中气充沛，难以抑制，长啸声闻数里。"

这段文出自金庸的《神雕侠侣》。在400多人的阳明心学QQ群里，1987年出生的网友"金箍棒"称，他就是从这里，第一次知道了王阳明。再次见到王阳明，是在余秋雨的《乡关何处》，余在文中力捧王阳明这位余姚同乡。真正了解王阳明的光辉事迹，则是在2006年开始流行的《明朝那些事儿》。后来，他开始阅读王阳明的《传习录》和钱穆的《阳明学述要》。阳明心学，带给他的感觉是心的安定，跟曾国藩一样。

1933年出生的翻译家蓝英年，也许是大陆较早的王阳明粉丝。1955年大学毕业后，他从日俄战争的俄文资料中，了解到东乡平八郎一生崇拜王阳明，从而对王阳明产生了兴趣。

对于更多中年以上的读者，在那个封闭的年代，他们对王阳明的最早印象，多来自历史课本中那句作为主观唯心主义代表批判的诗句——"未看此花，此花与汝心同归于寂；你来看此花时，此花颜色在汝心中一时明白起来"。两位王阳明传记作者，1958年出生的周月亮，1965年出生的雾满拦江，都称自己在中学时接触到王阳明。虽然当时没有更多的书籍能了解王阳明，但勤学爱思的他们对王阳明产生了兴趣。

豆瓣上，"王阳明"小组创建于2006年，目前有2747个成员聚集；另外一个人气较旺的小组，名为"一生低首拜阳明"，创建于2008年，有5675个门生聚集。百度"王阳明吧"，目前有9000多成员加入。在一个名为心学联合论坛的网站上，贴出了2011年后多地组织的《传习录》读书会介绍。至于从《明朝那些事儿》及随后的大量图书中诞生的民间粉丝，则更是无从量化。

在百家讲坛讲过《传奇王阳明》的浙江大学哲学系主任董平，称他的图书有一定的发行量，表明读者群比较广泛，但具体哪些人在读，他并不清楚。从网上的一些反映来看，人们对王阳明的兴趣，主要是由于他本人的传奇人生和独特思想。另外，大概还可以说明一点，就是我们今天对自己的历史与文化知道太少，我们缺乏

"历史感"与"历史意识"。

24岁写成《明朝一哥王阳明》的历史作家吕峥，称自己的读者各行各业都有，上至70岁的老翁，下到十来岁的学生。他曾经建了一个500人的QQ粉丝群，并在北京组织过几次王阳明心学讲座。国企中牧集团、余姚商业银行，请他去讲过王阳明。如今，他正在撰写一个30集的王阳明电视剧本，由广东的公司和余姚市政府共同投资。

吕峥的父亲有一个战友在地方检察院，将吕峥的书送给检察长阅读。没过两天，检察院的电子大屏上面写了四个大字：知行合一。

[心学] 是否可以解释读懂？

阳明心学QQ群中，大部分成员都是各行各业的青年人。一位昵称为"明心见性"、1986年出生的大学生村官粉丝，称他了解心学就是为了寻找生命的突破口，他们这一代人很艰难，心学热和明史热，都只是社会的一个投影。QQ群里，常常讨论心学相关的问题，有些观点他也不赞同。

比如，有人认为顿悟就是量变到质变，他觉得这个论点不能说对，也不能说错，但至少是不准确。"王阳明把他的东西都传给了弟子，为啥弟子们就不能人人顿悟？这个就是他说的事上磨炼——不断地被打败崩溃，然后不断重新建树，才能锤炼掉心灵的杂质。说白了，这叫机缘。"

写过《神奇圣人王阳明》的历史作家雾满拦江表示，心学就是一个终极智慧，说出一个字就是错的，不可用语言传达。王阳明去世后，心学就无人理解了。如果有人能解释清楚，就达到王阳明的境界了。为什么心学会分成好多学派？因为没有一家能真正把握住他的思想。要是有一个学派能立住，就没有那么多学派了。

他称，目前国内有关阳明先生的心学研究，完全没有开始，所谓扎堆出书只是关注者在陆续发声而已。"王阳明没有在大陆火——从未曾火过，哪怕是在民国年间，由蒋介石拼命推介王阳明，也未曾火过。火或者不火，是商业领域的评价体系，思想注定了永远的孤独。"他觉得自己写王阳明，其实是——"王阳明在大地上走过，大伙都说他走到了高峰，我趴在地上专心地把他的脚印拍下来。"

年轻的吕峥称，自己的读者有两类人，一类人读书功利性强，想从里面找到如权力斗争、人际关系等实用性的答案；另一类人，是想寻找生命的意义。对于这两年的王阳明热，他觉得是因为时代在呼唤良知和心学。"年轻人更强调人格的独立、精神的自由，而阳明心学，其实就是把目光从外面收回来。人的目光老是看外面，忽视了自己的内心。以前老把目光盯着别人，现在越来越回归自我。另外，社会道德滑坡，生活没有安全感，大家也在呼唤良知型的社会。"

[采写 / 新京报记者 / 邓玲玲]

杜维明：王阳明何以成为知己

上世纪60年代，正在哈佛大学读博的杜维明，接到另一位学者秦家懿来自澳洲的电话。秦家懿问他："听说你要写王阳明的论文，我能不能写？"杜维明笑着回答："开玩笑！西方写马丁·路德的有1000篇以上的博士论文，我们两个分享王阳明还不行吗？你随便写，我怎么写都跟你写的绝对不同。"果然，两人的论文出来，秦家懿写的方向是阳明的智慧，范围很大。而杜维明的，集中讨论青年王阳明的思想历程。这两篇论文，就是前年引进大陆的《王阳明》（秦家懿著），与新近出版的《青年王阳明：行动中的儒家思想》（杜维明著）。前者出版一年多时间，已卖过2万册，重印两次，在学术圈里形成小小的热潮。

为什么只写青年王阳明？杜维明给出的解释是，那时他只有20

多岁，不能了解阳明到生命最后阶段形成的学问和观点，因为他要从"体证"的方向去了解阳明，和阳明的精神相契。如今，70来岁的杜维明，作为新儒学的代表人物，对阳明，对儒家的认识，早已非青年时期可比。如何看待王阳明在儒家体系的位置？阳明心学在现代社会中的作用和价值是什么？近日，在两个多小时的访谈时间里，他像一个春风化雨的布道者般，向记者娓娓道来。

思想与杀人？

作为一个大的思想家，王阳明的思想内容很丰富，不可以用很简单的定义的方式来确定范围。国内的学者把阳明分了两个，一个是思想的阳明，另外一个是杀人的阳明，又平乱、又打仗、又杀人。这两个阳明基本上是两个完全配不起来的阳明。但其实，王阳明的学说，九死一生才讲得出来。

美国有一个心理学家埃里克森，非常重大的贡献就是提出认同的问题。他当时是讨论马丁·路德对基督教的贡献，因为在马丁·路德之前，基督教神学有大约1000年的历史，觉得没有任何人可以不通过教会来得救。马丁·路德提出来最重要的观念就是，每个人都可以靠自己的信仰，不要靠外在的制度，不要靠牧师，甚至不要靠教皇来帮忙，你自己可以通过信心得救。

所以，我认为，王阳明对儒学的贡献就像马丁·路德对宗教的贡献一样。

人皆可以成圣贤？

人人皆可做圣人，其实被误读了。

一般人有一个理解，佛教讲人人皆有佛性，儒家讲人人皆有圣心，所以人人皆可成圣，再进一步说，每个人都有成圣的潜力，这不是我理解的。你看，仁，仁就是不忍的这个情，随时都在体现，你看到悲剧你就会同情。每个人都有，但是能够使它成为你生命中最重要的力量，这很难。所以孔子才说颜渊是三月不违仁，其他是日月，我们大概一两个小时或者几秒钟，能够维持仁性中间随时都可以体现的，就是后来阳明讲的良知，随时随地他都可以。

所以就出现了两个命题，表面上看起来是绝对矛盾，但是必须同时存在、同时真实。一个就是人人皆可为圣人，另外就是任何一个人永远没有办法成圣人，即使是孔子，即使是尧舜禹也还有遗憾。这两个命题表面上看起来完全矛盾，其实是人生的经验、人生的智慧。人人皆可为圣人，没有任何人存在世界中间可以说我达到了圣人的境界，就是中国人讲的活到老学到老的过程。

实用的心理学？

最近关于王阳明的图书出版很多，有些出版商特别强调王阳明的实用性，毫无疑问，王阳明的哲学是有实用性。儒家的最高价值，是让自己的精神在日常生活中体现，如果在日常生活中不能体现就不是最高的价值。日常生活也不是讲究凡俗，也有神圣的一面，他说人人皆为圣人的意思，就是每个人，每一件事情它都有神圣的意义。

现在这个社会可能并不令人满意，我有时候觉得，你若想找知己，活人中间没有，而传统文化中，则有太多人可以成为知己，而且绝对可以对话。王阳明就可以成为知己。

有的人说，你跟古人对话，就自己想象。我们念阳明有两种念法，一种是私我，一种是自我，就是开放的自我。开放的自我和阳明对话，你的自我就越来越丰富，越来越开放；你完全私己地去念，越念你越弄得庸俗，你把他弄得庸俗你自己也庸俗。还有另外一种方法，是共读，大家一起来念，一起来讨论，每一句话都辩论。每一个参加的人，都是对我们群体的经验的丰富，这样就变成了活的话语。我觉得这个是最好的办法。

你来看此花时？

王阳明在大陆，曾经长期被批为主观唯心主义。至少从90年代开始，大陆学者，不管属于自由主义，或者是属于保守，大家都有一个新的共识——开发传统资源。

儒家分道、学、政三个方面。道就是它的核心价值，基础理论；学就是它的学术传统，经学是最重要的学术传统；政，就是经世致用。这三方面都应该结合起来，成为三个不可分割的侧面。

现在一个不太健康的方式，比如我是搞政治儒学的，就讨厌心性儒学；搞心性儒学的，觉得政治儒学政治化，那不是真正的儒家；有的说我是搞学术的，所以你们那些玄想的、没有学术价值学术背景的、没有客观理解的野狐禅，就不是学术；有些人说，我们讲的是身心性命的东西，你们讲的学术干枯无味，是一种职业。这之间的诟病，内耗太多，我几乎每天都碰到，包括我学生在内都是……

现在阳明学的复兴，在这三个层面都有。对于普通人而言，在阅读王阳明时，各取所需，也是可以理解的。

杜维明作品系列

青年王阳明

行动中的儒家思想

杜维明 著

生活·读书·新知 三联书店

05 朱大可

批评家的迷津

"朱大可守望书系"将批评家朱大可旧作、新作重新加以整合，使得一个从上世纪80年代活跃至今的批评家跃然纸上。从中我们可以窥见一个批评家的成长路径和他的话语王国。他的个性，他如何被选择与选择，他如何观察与评说。他的道路和困境，同时也是一代人的道路和困境，从中我们得以窥见80年代知识学人的一个侧影，他们所遭遇的处境的变化以及那个时代的聒噪与沉默，狂欢与失落。在一个缺乏批评传统的国家，他对于批评姿态的坚守以及对批评尺度、方式的探索也是我们了解这个国家文化生态的一个样本，我们可借此了解当下的文化生活和国家，并反观自身。

[新京报制图 /　师春雷]

"我是左右互搏的高手"

谁是朱大可? —— 一个不合时宜的诠释者

一个敏感人的身上常常包含着这个时代的所有缺陷。朱大可说,他自己的个性是分裂的,文本是分裂的,分裂是他们整代人的特征。

他生平最早的两个记忆片段中,一个是两岁的一场噩梦:几架飞机追着他跑,而他在大地上逃亡。一个是两岁的自己玩累时坐到母亲肚子上,导致孕中的母亲流产。他杀死了自己的妹妹。

这两个片段也像一个隐喻,昭示出他日后常见的两种姿态:逃遁和守望。作为一个批评家,他需要时常从既定的、常规的判断中跳脱出来,逃离出来。而杀死妹妹的负罪感和怜惜又让他愿意在自己认定的美好麦地里做一个守望者。

很多时候，所逃遁和守望的是一体两面，这就造成了一种分裂。他说，"我是左右互搏的高手。渴望温存与爱，并滋养出一种敏感、挑剔和神经质的风格，但是我们的骨血里有阴险的痕迹。我许多文章的矛头所指，正是我自己的另外一面。"

他是和"文学"离婚的文化批评家、不会说客家话的客家人、不去教堂的基督徒、自由而不主义的无派别者，有记者让他自己总结，他会微微一笑，不过是"一个不合时宜的诠释者"。

"文化恐龙"可以打比这种不合时宜。多年前，作家林白在随笔集《前世黄金》里，俏皮地写她看到的朱大可：长得很有气势，龙的眼睛，猪的鼻子，并没有辜负他的雅号"文化恐龙"。

"文化恐龙"这个外号来自朱大可的好友胡河清的一篇文章。文章写于1991年。那个时候，恐龙尚未"染指"容貌，仅仅代指"稀缺"、"格格不入"、"不合时宜"。文中，胡河清对朱大可的才华充满惊叹，并表示通过阅读他的文章，修改了自己对于一个先锋评论家先入为主的坏印象："轻狂"和"浮躁"。

朱大可说自己本质是个孤独的人，而这完全源于他的童年。他是独子，甚至还有过轻微的口吃，很长时间里，他在想象和自言自语中度过漫长童年。很长一段时间里，他通过趴在窗口看风景和世界交流——他甚至蹭坏了好几张凳子。多年后，他把自己的写作也称之为"高度个人化的自言自语"。

这种高度个人化的自言自语因为风格鲜明被称为"朱语"，也一直被争议，且褒贬不一。朱大可在文章里写道："在20世纪80年代的人文瓶颈里，汉语思想在紧张地寻找着出路。越过那些喧闹的政治黄昏，加缪的星光照亮了我的迷惘……我突然意识到，基于我与话语之石的秘密契约，也基于汉语的这种严重溃退，我成了无数西西弗斯中的一个。"

这段文字叙述了朱大可80年代后期读到《西西弗斯的神话》时陷入热爱的感受，有着鲜明的"朱语"印记。他的文风是巴洛克式的，华丽、夸饰，而且充满隐喻和激辩。有人大爱，并不断模仿，有人则觉得他的文字是一种缺乏逻辑的机锋短语，存在阅读障碍。

林贤治在一篇谈及中国散文的文章中，对朱的评价显得审慎而复杂。他认为朱大可：富于理性，思维明晰，但是表达是诗性的。他反对东方的政治文化传统，却耽溺某种神秘主义哲学；背离学院的规矩，又喜欢使用一些生拗的名词术语。然而，在他那里，思想终不致在文采中迷失，这是极为不易的，虽然有时难免晦涩。

朱大可是如何练成的？——被命运牵着鼻子走上批评的道路

上海太原路二十五弄十号，驻扎着朱大可的童年。他祖籍是福建客家人，生于上海，长于上海。

在谈及自己身份的精神认同时，他惯常把客家看作自己的父性身份和血缘核心，而把上海看作自己的母性身份。在他看来，客家人高度精神分裂，他们一方面坚持不停地迁徙与寻求变革，一方面又极度尊奉古训、重视族谱和儒家传统。他曾根据行为方式的差异把客家分为"客人"和"家人"："家人"是客家人中最保守的部分，而"客人"才具有反叛和革命的气质。他认为自己天生反叛，比较冒险和死不买账的部分，应该和客家精神有关，是属于"客人"的。

他的童年和少年恰逢"文革"，在此，我们看到历史的吊诡。同一般的历史想象不同的是，那个时期，在一个隐秘的小圈子里，他完成了最初的文学和音乐层面的启蒙。在一个文化被严重毁损的宏大语境里，他们借助一个个奇异的阅读小组和音乐帮，接触到了西方文学和音乐的文本。他说，60年代对于当时的孩子来说，是双重乃至多重性的，是狂欢和苦难的复合体。他认为自己并没有和更多的知识分子一样，在80年代被塑造，影响他更大的是光芒四射的70年代。

在人格尚未成熟时，我们很容易被一些偶然的"鼓励"或者"批评"所修改。当时，一心想考进上海音乐学院的少年朱大可也不例外。对音乐的大爱，是当下的他仍然愿意用所有的文学成就去置换的。但很遗憾，因为没有来自导师和家人的鼓励，他放弃了音乐道路。

然后，他考入华东师大中文系。起初，踌躇满志，想尝试写小说，在遭到高年级同学批评后，他转向电影研究。大学四年，他和周围格格不入。教科书给出的资讯全是垃圾，让他兴致寡然。他开始泡校外的公共图书馆，选择自己喜欢的阅读。在他看来，大学是个"逆境"，从反面塑造了他。

　　大学毕业后，他被分配到上海财经大学教书，加上遭遇生平第一次失恋，他像一个病入膏肓的迷路者，陷入抑郁中，并且多年都无法痊愈。然后，是另一个偶然在等着他。

　　1985年，朱大可受邀参加在厦大的全国文艺批评新方法研讨会，当时他还是一个无名之辈，但他所提交的论文，却让众人眼前一亮。当时，上海青年批评家"教父"周介人先生尤其感到错愕，因为同样来自上海，他对朱大可一无所知。

　　这次会议的结果是，他转向了文艺批评。会后，他写下了一篇关于诗歌的评论《焦灼的一代和城市梦》，发表在1986年第1期的《当代文艺思潮》上，这是他的处女作，从此他被定义为"青年文学批评家"。

　　他说："就我的个人的经验而言，选择主要取决于鼓励。我被命运牵着鼻子走上批评的道路。"

[采写 / 新京报记者 / 于丽丽]

一个文化批评人的道路与困境

朱大可的"银针"

从1985年进入文学批评的公共写作中，到1994年去国赴澳，被朱大可认为是自己最好的时期。这些年里，他开始探索自己的创作，致力于在文化层面上寻求真理及其话语的表达方式，并兴致盎然。

当时是很多知识分子的好时光。1986年，在上海的一次研讨会上，朱大可首次提出"石库门文化"概念，并对谢晋电影模式提出质疑。随后，他应约写了一篇《谢晋电影模式的缺陷》的短评，登载在《文汇报》上，引起轩然大波。他认为谢晋电影恪守着从"好人蒙冤"、"价值发现"、"道德感化"到"善必胜恶"的模式，所提供的"化解社会冲突的奇异的道德神经"，体现了一种"以煽情性为最高目标的陈旧美学意识"。

那一年，这一事件被港台的媒体称作是"1986年中国文化界三大冲击波"。1991年，《燃烧的迷津》一书出版，主要是评点朦胧诗及第三代诗歌。这期间，他做过电台音乐节目，编排过西洋流行音乐，也办过画展，搞过行为艺术。那时候，他年少得意，难免轻狂，在很高规格的学术会上，也敢于随性说一通，然后当场退会，因此得罪了不少人。

1994年，因为家庭变故，他去国奔赴澳洲。而颇为巧合的是，同年四月的一个午夜，他的好友，给他取名"文化恐龙"的胡河清在上海枕流公寓跳楼自杀身亡，享年34岁，死因至今难解。在朱大可的叙述中，胡河清才华卓异，却生活能力极差，与突变的时代格格不入。

胡河清的死亡像一个隐喻，预示着一个知识弱化，并最终将被资本主义市场所吞没的时代到来了。在朱大可看来，上世纪80年代到90年代初，是精英文化处于主导地位的文化繁荣时期，文学是其主要样式。而九90年代中期，精英文化开始严重受挫，文学开始式微。同时，大众文化当时也尚未建立，是一个文化断层期。

在澳洲度过的八年，被他认为是"耽误"的八年，本来他可以写作更多的东西，结果是仅仅拿回一个学位。尤其是前五年，他心如槁木，如同"一株卷曲的孤树，被澳洲大陆的风沙所吞没"。因为内心痛苦异常，他完全停止了书写，并成为中国当代文学史上的"失踪者"。

1999年，他在澳洲写作的《抹着文化口红游荡文坛》一文成为一颗子弹，射向当时在国内十分流行的余秋雨散文。在文中，他认为余秋雨散文是继汪国真之后，在散文和历史交界处所发生的一个重要事件。海子死后，人们需要汪国真这样的哲思小语，就如同需要粉色的口红，而余秋雨显然是更"耐用"些的文化消费品。

同时，他察觉到，当市场和资本袭来，曾经散发思想香气的精英阶层不再引领大众，而是由大众支配"精英"。但同时，他也在表达中呈现出，对于市场既要与之拥抱，又不能被市场奴役的复杂情感。

在朱大可看来，80年代由知识精英引导的思想启蒙运动中途夭折，几乎是今天所有精神恶弊的滥觞。之后，面对意识形态和商业资本的双重作用，知识分子开始剧烈转型。他们要么成为符合国家标准的体制内人士，要么成为符合市场标准的商人。这两种转型使得批判性知识分子成为稀有动物。2000年后，随着互联网的普及，形成以当今网络哄客为代表的流氓话语，大众反讽开始无所不在，知识分子则被彻底边缘化。

对流氓美学的研究是朱大可终极价值探讨计划中的一部分。在他的阐释框架中，"流氓"一词从国家主义的道德和司法语义中剥离出来了，它首先被还原为一个中性词，泛指那些丧失土地、家园和灵魂的人，即身份丧失者。他通过对这一群体和话语的观察，透视中国文化的秘密。

在他看来，王朔、徐星和王小波都是流氓话语的代表。他们曾经是分解国家话语的犀利刀具，但在21世纪，随着国家话语的威权性的衰落，流氓话语正在逐步丧失其革命性的价值。

2002年，从澳洲回国的朱大可因为觉得文学辜负了他的期望，高调宣布"与文学离婚"。在他看来，在文学衰退后，文学批评已失去有力的批评对象，相反，被学院派一直忽视的大众文化却日益活跃。加之，在澳洲期间，他第一次完整接触到现代文化哲学，这种分析工具可以改造传统的批评方式，提供更为务实的文本分析，于是，他便从文学批评跨越到文化批评领域。

朱大可的困境

转身文化批评后，他开始梳理一些文化史，并从古代器物中寻找、破译和阐释中国文化密码，同时对所有甚嚣尘上的公共文化现象，他也会发出自己的声音。

中国的文化批评家，很多来自文学衰退后从文学批评领域的急剧转型者，他们的文学背景，使得他们精通语言炼金术，文风鲜明。"酷评"、"朱语"这样的标志使得朱大可的批评别具一格，但同时也给他带来困扰。"朱语"的华丽、诡异往往是他所采取的隐喻式写作带来的，这种表述给他带来风格，却因为复杂化伤害到内在意义的传递，给读者带来阅读障碍。面对这样的指责，朱大可表明，自己不是波普作家，大多数情况下，他只为少数人写作。

作为一个文化批评家，尤其是强调独立性的批评家，一些困境来自他自身，譬如语言风格，一些则是这个时代很多批评家的共同

大学时代的朱大可。

境遇，譬如大的批评环境，譬如如何拿捏批评的独立性、专业性和尺度。

尽管朱大可认为自己一直试图在"精英"、"大众"之外，用第三种眼睛把脉文化，但仍有很多人认为朱大可是站在精英立场说话。他说，在当下的转型社会，精英和大众的关系变得岌岌可危。但这种知识精英与大众的裂痕，是被蓄意挑拨出的。他认为，两者之间的和解，只能取决于中国各阶层的理性对话。只是，在以匿名为特征的互联网时代，这种对话会变得非常困难。

他"酷评"的暴力性也一直为一些人所诟病。从批评卫慧是"文学叫春"到之后作出"中国文坛是大垃圾场"的判断，他以激烈的方式批评中国文学，带来警示的同时，也被一些人认为是一种话语暴力。

所以，作为批评，如何避免其内在暴力性对人的无辜殃及，也始终是一个边界探索中的过程。朱大可说，自己的解决方案就是划清道德酷评和文化酷评的界限，并把批评严格限定在"文化"的底线内。他认为，就其本质而言，酷评不应当"一针见血"，而应当"一针见脓"。他强调，必须清晰地看到酷评的有限性，它只是文化建构的前提，但绝不是其本身。

而最令朱大可感到忧虑的还是中国不太良好的批评环境，在一种普遍性氛围中，技巧性地捧场仍然是大多数批评家的生存秘密，批判精神仍然是稀有的素质。他说，当下，"文革"后第一代学者和批评家，大多已经处于退休状态。这是学术早衰的一代，他们经过"文革"预备期的阵痛，到80年代的大爆发，再到90年代的退化，最后在21世纪成为"文化僵尸"。这是一个普遍发生的过程，只有少数人保持了旺盛的写作状态，而他有幸成为其中的一员。对他自己而言，写作是日常生活的一部分，就像吃饭和睡觉一样。在成为"僵尸"之前，他只能在这样的轨道上滑行。他说，在本质上，这是一场关于信念、能量和时间的博弈。

[采写 / 新京报记者 / 于丽丽]

对话朱大可

[文学与文化]　障碍在于高度自卑的民族主义

新京报：多年前，你曾经非常决绝地和文学"离婚"，来表达对中国文学的失望，这些年文学是否改变了你对它的失望？有评论说，莫言获诺奖后，在国际层面，中国文学的影响在加大，你怎么看？

朱大可：莫言获奖，即便在国际空间，仍然属于一个非常小众的话题。再说，我也不认为莫言所代表的文学能够让我感到欣慰。我甚至觉得，正是现实的传奇性窒息了作家的想象力，因为他们的任何书写，都无法超越这些神奇的现实。

全球的语言类媒介，如文学和广播都在衰退，而被视觉类媒介

（电影、电视、舞台演出、视频和图像）所代替。21世纪是眼球文化的时代。这种大语境的状况，已经对中国文学的现状和未来作出了判决。只有一些小文体，会有局部的繁华，像汉语诗歌和小剧场话剧，但这也只是来自于小众圈的喜讯。

新京报：你对大众文化一直颇多批评，包括对"类型小说"。有作家认为，在文学、阅读都衰落的当下，很多"类型小说"的创作其实是在抢救国民的阅读习惯，并为阅读从浅层次向深度阅读提供可能。你认可这种观点吗？

朱大可：在我的个人经验里，低层级阅读的读者，主要阅读媒介是手机，他们难以完成向高层次阅读的进化。产生这种进化的概率很低。

中国移动数字阅读基地的一份内部调查报告，足以向我们证实这个判断，因为底层读者主要由珠三角和长三角的民工构成，而这是中国文化的真相。

但若干年后，基于某种制度性的改变，比如民工有了受高等教育的公平机会，阅读者的进化也许能够变成现实。

新京报：你从文学批评转到文化批评后，好像更多是涉及文化史的研究，为什么选择这样的路径？这次东方出版社的"守望书系"中，有一本《神话》是对中国神话传说的重新阐释和梳理，了解这样的历史意义何在？

朱大可：历史也是我童年时的志趣。父亲是历史教师，他放在书架上的历史类书籍，成为我最好的老师。在传统的中国式治学格局里，"文史哲"其实是无法拆分的。文论、文化史和文化批评，是一个三位一体的结构，我试图从个人角度完善它的存在。

谈论"神话"的目的，是企图厘清民间传说中的混乱语义，为文化传承和文化复苏作好准备。在写完《中国上古神系》之后，我的下一步工作就是重写中国文化史，对一些重大问题作出新的个人判断。

新京报：在你看来，中国和外部世界的关系一直处于输入、输出的漫长循环中，对于外界先进器物的模仿，你有提到还应该涵盖包括精神在内的所有领域，那当下你视野内，这种精神领域的模仿和学习，中国完成得如何？障碍在哪里？

朱大可：100年前发生的新文化运动，中国知识分子曾经有足够的自信去实施"西化计划"，引入"德先生"（民主）和"赛先生"（科学），完成从日常生活到政治体制的全面革命。但精神领域的学习程序，中国仅仅完成了一半，其障碍在于高度自卑的民族主义。

民族自信的特征，只能是包容、开放和兼收并蓄，而绝对不是恐惧、自闭和自我防卫。只要完成了向外学习的程序，我们就能合乎逻辑地进入原创，最终复兴为伟大的原创型民族，而这正是我们曾经拥有的光荣历史。

我的研究可以证明，先秦诸子的思想来源，大多跟外部世界有关，它们是"亚洲文化共同体"的结晶，而非自我封闭状态下的"原生态产物"。

新京报：在谈及中国文化的弊病时，人们经常会归纳到国民性、国情、集体无意识、传统等等，然后就陷入一种无解或者悲观的境地，觉得疗救是困难的，你如何理解这个问题？

朱大可：国民性完全可以被正确的制度所改造。在"先有鸡还是先有蛋"之类的争议中，文化和制度的关系并非是互相缠绕和令人绝望的。我认为，线头就在制度，厘清了制度，很多难题都有可能迎刃而解。

[知识分子] **寻找有尊严的抵抗**

新京报：很多知识人会在某个阶段和宗教建立亲密的联系，譬如刘小枫，最近他关于政治文化中典型人物的一些言论也引发知识界讨论，你如何看待这种现象？

朱大可：据我所知，小枫只是神学研究者，他从来就不是基督徒。作家北村是真基督徒，早在1992年我主持的一个会议上，北村就曾当面批评小枫，认为他不是真基督徒。小枫事后在香港向我坦率地承认了这点。但他确有成为"国师"的严重情结。这种虚妄的念头戕害了他，把他从"优秀的精神救赎者"，变成一个"装神弄鬼的术士"。

他对某些政治人物的判断，是有趣的言论，犹如一场革命前夜的单口相声，令许多人都发出了笑声。在大多数人趋于自我觉醒的时刻，小枫的"逆袭"，使他的面目变得滑稽起来。在当下的微妙语境中，"认某作父"，就是要强调统治者和被统治者的"父子关系"，而只要"人民"无法从"父"的威权中解放出来，就无法成长为人格独立的公民，无法行使宪法所赋予的权利，而只能被所谓的家国大义所裹挟。小枫就此完成了他从独立知识分子向工具知识分子的笨拙转身。当然，这是他本人的选择。我只是感到遗憾而已。

新京报：如何看待上世纪80年代大规模的思想启蒙运动所带来的价值和消失过程？

朱大可：80年代思想启蒙运动，主要包含彼此呼应的两个部分，一个是周扬等人在北京倡导的"马克思主义的人道主义"，一个是王元化等人在上海倡导的"新启蒙"运动，而它们的直接成果，就是文学、美术、电影、音乐和戏剧等领域的先锋派思潮，但它们都因"清除精神污染"、"反对自由化"等三次"运动"，而在80年代末戛然而止。在我看来，这是一场中途夭折的启蒙实验，它未能完成自己的既定使命。这次痛苦的夭折，产生了漫长的多米诺骨牌效应，产生了很多不良后果。

新京报：80年代后知识分子自我弱化的处境是如何形成的？

朱大可：知识分子最初面对的是政治生态的规训，而在邓小平南方讲话之后，还要面对强大的商业浪潮。这是一种双重的挤压，它迫使知识分子开始剧烈转型——要么成为合乎国家标准的体制内人士，要么成为符合市场标准的商人。这两种转型都令批判知识分子成为稀有动物。有人声称这是"犬儒主义的时代"，这个名词毁坏了古希腊犬儒主义的名誉。真正的犬儒主义，依然保持了独立和对权力的傲慢立场。第欧根尼的木桶生活，是一种有尊严的抵抗。

[社会思潮] **困境中的自救**

新京报：儒家在不断进行新阐释并大力推崇，你怎么看待其中的扬弃关系？

朱大可：儒家大致可分为两个部分，大多数儒学属于伦理学，包括先秦原儒和中古的程朱理学，晚期的明儒突然转型，开始指涉本体论，形成真正意义的哲学，那就是阳明心学。我认为后期儒家的哲学，才是真正需要继承的伟大遗产，因为它以卓越的方式探讨了终极价值。而它的伦理学，尤其是"三纲五常"的原则，属于中间价值体系，跟现代性发生严重冲突，孔子的"唯小人与女子难养也"，就是一个例子，它是儒家伦理融入当代社会的坚硬瓶颈，于丹的误读式解释，不仅无法解决问题，反而令儒家的现代化转型危机变得更加刺眼。

新京报：有说法是，当下中国最大的宗教是拜身体教，养生是唯一的信仰，同时中国人还陷入崇拜幸福的氛围，你怎么解读这种现象？

朱大可：我完全理解大多数中国人的立场，在一个被严重污染而医保效果不彰的生态环境里，人所能做的唯一事情，常常只是养生式自救。至于"幸福感"之类，则是主流学者和媒体共同制造的伪命题，遮蔽我们的生存困境。

新京报：在谈及微博的亢奋效应时，你提到中国是盛产道德民兵的国度，用话语暴力来实现狂欢这个重要的传统仍然很普遍，但现在存在一种倾向，就是君子善通常会被认为是伪的，小人、无底线反而被看作是真性情。你如何看待这种现象？

朱大可：这是一个很好的问题。世人对政治谎言的厌烦，导致真伪和善恶的认知倒错，而这正是中国文化的困境之一。没有人类追求的普遍价值作为基本尺度，只能导致道德判断的混乱，最终引发普遍的伦理危机。

06 沈志华

在档案中勘探历史的真相

沈志华是国内著名的中苏关系史及冷战史专家。他经商后回归学术的经历，至今仍被学术界津津乐道。他耗费巨资从苏联购买档案，并无私与中国学者分享的慷慨深受学术界赞誉。他组织翻译的多套数十卷苏联档案，至今仍是国内学者研究苏联不可或缺的重要资料。

[采写 / 新京报记者 / 张洪　朱桂英]

沈志华：在档案中寻觅历史脉络

　　沈志华不仅是一位优秀的学者，也是一位优秀的学术组织者，他团结了一批苏联研究以及冷战史研究学者，将中国学术界在中苏关系以及冷战史领域的研究推至世界级水平。作为一个优秀的学者，沈志华此前的每一本著作，均在其研究领域填补空白或提出了众多新说，其学术成就得到了普遍认可。比如，他的成名作《毛泽东、斯大林与朝鲜战争》2003年在国内出版后，迅速在国内引起了轰动，其建立在中、苏、美、朝、韩等国档案基础之上的坚实研究，有力地揭示了朝鲜战争的真相。此书不仅在国内几次加印，而且盗版横行。2005年，本书英文版在美国出版；2010年，本书韩文版在韩国出版；2012年，本书英文版在英国出版。德国和意大利的出版社也正在引进本书版权。

不仅如此，沈志华的苏联史研究著作《新经济政策与苏联农业社会化的道路》，以及其主编的《一个大国的崛起与崩溃》等著作，均在学术界引发了普遍好评。而其中苏关系史研究著作《苏联专家在中国（1948—1960）》、《中苏关系史纲》以及《斯大林与铁托》等著作，均代表了这一研究领域的最高水平。

近日，沈志华推出了多本著作，颇引人注目。在这些作品中，沈志华称，《无奈的选择》是自己对中苏关系研究20年的结晶，提出了十大新说。冷战史一套五本著作，主要是他多年来研究冷战的论文集，有些内容不无重复。但是，对同一问题在不同年代研究所反映出来的细微变化，恰恰伴随着俄、美、中等档案文献不断解密和公布的过程，对于做历史研究专业的学子和研究者而言，又有着方法论上的启示意义。而《毛泽东、斯大林与朝鲜战争》是其成名作，此次的增藏本不仅增补了大量文献档案，而且在写法上变化较大，几乎重写了一遍。《处在十字路口的选择》则将1957年从整风到反右与苏共二十大、波匈事件以及斯大林去世之后的中苏关系等联系起来研究，本书为研究1956—1957年这段时间毛泽东的政治选择提供了全新而广阔的视野。

毫无疑问，沈志华的这些著作，为读者了解错综复杂的中苏关系、中美关系，以及朝鲜战争等重大历史事件提供了富有说服力的解释。其建立在大量档案基础上的研究，推翻了很多此前的陈说。在一个以历史为宗教的国家，我们没有理由不关注沈志华的研究。

用档案说话

新京报：有人戏称今年是沈志华出版年，出了很多冷战史方面的书。可以说，你参与开创了中国的冷战史研究，也给它提升了在学科间的地位。你是怎么开始走上冷战史研究的？

沈志华：冷战史在国际上是显学，在国内才刚获承认。这段历史跨度从1945年"二战"结束，一直到1991年。我在1994年算是正式搞学术研究，做苏联史。苏联档案解密后，我就奔苏联去。1994年，叶利钦给了金泳三260多件朝鲜战争的档案，那是第一批解密的，很多真相水落石出，推翻了以往的研究。我到了苏联后看到越来越多的档案，就决定作朝鲜战争研究。1996年1月，我去香港参加美国威尔逊国际学者中心冷战项目的会议，发现冷战研究的氛围很好，大家都在研究档案，七八个国家围着一件事讨论。

1997年，我们办了中苏关系的讨论会，请来了毛泽东的两位翻译秘书与赫鲁晓夫的两位翻译，他们四人跟与会学者对话。这个会议影响很大，也使我们跟威尔逊中心建立密切联系。那时我们想自己成立研究机构，但哪里都批不下。

后来获批了一个现代史料研究中心，但一分钱经费都没有，桌椅板凳电脑都是自己买的，给了间房子，随后才知道房子是公用的。但我们每年会开一个会议，请一批教授来，他们现在就是国内冷战研究的基干队伍。再往后，老朋友陈兼在华东师范大学成立了冷战史研究中心。他就来找我，办杂志、网站和会议，也有了国家经费了。之前一直是自己出钱。

有了招牌，加上一帮人在外活动，研究中心就开始受到国内的重视。华东师大有了冷战史专业，不少学术期刊设立冷战专栏，新材料新档案能让旧印象面目皆非。随着社会兴趣增加和队伍扩大，教育部现在每年报学科发展趋势，冷战史单列一块且每年找我写。

这些年的学术研究主要是两方面，首先是搜集档案，一开始是俄国，后来是美国，我们搜集5000多份中情局的档案，后来选了600多份出书。现在国家有钱，我们300万买下美国的胶卷，以此培养出很多学生。学科要发展，没有档案积累就没有后劲。同时我们也做中国档案。

其实，我俩主要研究中苏关系。我做上世纪四五十年代，李丹慧做上世纪六七十年代。

新京报：你的文章一般会有密密麻麻的注释，资料大多来自档案，那么，在用档案说话之前，搜寻档案是否困难？

沈志华：是的，搜寻档案不是一件轻松事。为了研究中苏关系，我们沿着中国边疆各地都转了一圈，辽宁、黑龙江、内蒙古、新疆、甘肃、西藏、青海、四川、云南、广西、福建，周边档案馆都去了。地方档案馆有很矛盾的现象，档案法规定30年解密，有些档案弄出来出了点事，就会有相应的规定。相对而言，中国在档案法的执行上，法度不严格，哪个档案解密不解密由档案馆自己审查，没有硬性规定。而在美国，解密的档案就放档案馆开放，愿意怎么印就怎么印。中国移交后就由档案馆确定开不开，档案馆有双层责任，一方面给社会公开，另一方面要保密，弄不好就乌纱帽没了，拿捏不定。因此，很多时候，我们也只能靠人情，认识人就能看，不认识人连门都不能进。

新京报：现在档案开放状态对历史研究的影响，具体是怎样的？

沈志华：档案开放状态对历史研究的影响很大。我始终认为，历史研究没有档案，原则上是不能做的。我们历史博士论文选题，原则上要先弄清楚档案开放了没，没有的话，换题，或者换个角度。比如，关于中国核武器，中国这边档案没有开放，而美国的档案开放了，那我们就做美国对中国核武器的态度变化，这个美国档案全都解密了。事实上，中苏、中美、中日，你不开放，人家开放。有意思的是，我们通过发表国外档案，在一定程度上促使国内档案解密。外交部档案开放之前，还专门来我家一趟，参观我搜集的俄国档案。

当然，亲身经历者的口述史也是一手资料。比如苏共二十大以后，毛泽东隔三差五召开政治局或政治局扩大会议，讨论苏共问题，一次记录都没有，大家都依据吴冷西的回忆录，因为只有吴冷西有记录，他要起草文章《论无产阶级历史专政》，是主笔。他没有上交，就成为个人笔记，写回忆录就根据这个，是唯一的依据了。但相比而言，口述史的可信度降低多了，只能起补充的作用。

我始终强调，档案对历史研究来说是首要的。

不要假设历史

新京报：你的著作，很少出现归纳总结的文字，而是用史料构建历史的细节，这种叙史方式，是刻意为之的吗？

沈志华：是的，我很少下定论。不想作所谓的提升、提高、归纳、总结，其实你在研究过程中，肯定会产生一定的结论和判断，但我不在我的书中凸显出来。做历史最重要的是把过程搞清楚，要把细节搞清楚，是怎么发展过来的，对过去被屏蔽歪曲的历史事件要研究，首先把事实搞清楚，结论留给别人去批判。一个简单的事实是：细节增多、历史画面完整的情况下，才能作出客观准确的结论。

新京报：你最近在书中特别强调，当时的中苏同盟关系有别于正常的国家之间的关系，有结构性弱点，是否经历过这种类似的过程？

沈志华：是的，我们研究中苏关系20年，我们现在才得出结论，核心是结构问题，中苏关系的症结在于当时这两个国家不是正常的国家关系。社会主义国家之间的关系在结构上不同于一般意义

聊起历史来，沈志华眉飞色舞。〔摄／新京报记者／张弘〕

上的现代国家关系，由于受到意识形态和历史传统的影响，其内部运行的政治准则有着某种特殊性，而中苏关系与一般社会主义国家关系相比，又有某种特殊性，即两个社会主义大国为争夺国际共产主义运动主导权而竞争。但局部研究的时候是得不出结论的。我得出结论是赫鲁晓夫对中国帮助最大，是事实判断，还不是理论判断，一般的论文做到这步就行了，你得不出大的政治性结论，除非你把过程基本研究完了，你再从头看才得出这样的结论。

第二，历史研究没有必要对过去的人作责任判断的研究，比如毛泽东如何，赫鲁晓夫说了什么话导致中苏破裂。所有人说这话都有当时的出发点，把事实搞清楚就完了。过多强调就是超越历史了。

历史假设很难，其中一个因素不存在后会导致什么，很难说。这个因素没了，会导致其他因素变化，会导致连环性变化。如果中国不出兵会如何，这就复杂了，多个变化，每个变化都有制约因素。

重建历史的理性

新京报：你用档案还原历史过程，对于一些历史学家的研究冲击很大，一个档案资料即可击败人家长时间研究成果。你收到过有价值的反驳吗？

沈志华：我的研究重心是中苏关系，之前有很多学者在做，但是因有些档案没有开发，或者人家没有用档案而是用二手资料做文章，难免与我用档案发掘的事实有出入。我当然也会发现，有些人对我有情绪上的不满，但也无可奈何。

我是很希望与那些对我有异议的人进行对话，希望人家有理有据地告诉我，我哪里不对。但基本是很失望地发现，人家更多的是发泄情绪，仅仅是为了维护自己原有的历史印象，不想改变而已。历史就是历史，事实面前，没什么好说的。

在中国，作历史研究有两拨人，一拨是看档案，从档案文献、最基本的史料入手，主要是为了还原历史过程；还有一拨是老想着要得出什么结论，符合什么理论逻辑。我跟后一拨人就没法对话。我要做的，就是用细节勾画真实的历史过程，至少是树立一面镜子，让大家看清楚。至于要得出怎样的结论，吸取怎样的历史经验，那都不是我的职责所在。

新京报：你作的冷战史研究，其实重心仍然是在中国，其实是在彼时国际视野中去看中国的发展轨迹与选择？

沈志华：可能最后大家看到的是这样的，知道更多东西后，可以更深入地理解当代中国，你会发现有各种力量在左右中国的发展。但我在研究的过程中，只是想一点点还原，想知道历史为何是这样，而不是那样。

比如我的书《处在十字路口的选择》，就是想知道为何中国在1956年整体发展都还不错时却突然去搞反右了，从春光明媚奔向阴风疾雨去了。然后去找史料，在掌握大量史料的基础上，去寻找内在逻辑，作出可能的推断。研究中苏关系也是这样，当然，还有朝鲜战争、"波匈事件"中国的作用，都是这样一点点构建起一个较为合理的历史逻辑。

我跟很多人都说过，研究历史有点像搞侦探，你去搞清楚事实过程究竟是怎样的，只要有一点说不通，那就得重新去发现研究。最近，柬埔寨有一批史料开放了，我就赶紧过去看，说不定之前有些看起来合理的解释，因为一点新的史料，就会有另一番不同的局面。

07 李零

演《易》

特立独行，难免有人腹诽有人误读，但李零非无话可说，也鲜有反驳，他想说的话全在书里，而他的野心，不是一个人玩儿，是请来古圣人，与今人平等对话，力求还原古代经典的本来样貌，不独尊，不神化，也不矫枉过正。继《论语》、《老子》、《孙子兵法》之后，李零又将最难读的古书《易经》作为研究对象，三年时间，写就了新作《生死有命　富贵在天》。

[采写 / 新京报记者 / 刘雅婧]

"另类"李零的态度

重解经典 先去魅后读书

始自2007年底，李零以在北大讲课的笔记为基础，撰述"我们的经典"系列。对中国古代四大典籍《论语》、《老子》、《孙子》《周易》进行了解读。

他认为，这四本书"年代早，篇幅小，比其他古书更能代表中国文化，也更容易融入世界文化"。《论语》和《老子》讲人文，《孙子》和《周易》讲技术，最能体现中国文化中的世俗性与人文性。

同时，李零表示，"我们的经典"并非古圣人经典，而是自己心目中的经典。他还将一种世界性的比较眼光，引入选择标准——自己选择的"经典"也是西方汉学家选择的四大经典，"他们挑选的，是和中国人的思想方式、行为方式关系最为密切的书"。

　　而对于四部典籍的解读切入，李零的做法是先去魅，再读书。在《丧家狗》以及续篇《去圣乃得真孔子》中，他拿孔圣人开"敲"，反对对论语的意识形态解读，他认为，历史上捧孔子，汉儒讲治统；宋儒讲道统；而拿儒学当宗教的，是近代受洋教刺激的救世说。由此，他看出了两个孔子，一个死孔子，是圣人；一个活孔子，是普通人。他主张将孔子还原为一个普通知识分子，去儒学的宗教化、道德化。李零表示，分20个主题解读论语，不是跟风而是逆流，是要泼冷水，把儒学拉回到子学的地位。

　　由此态度延展至《老子》、《孙子》、《周易》，他在古代典籍中，看出了可以启迪今人的普世智慧，"是研究思想史和古人思维方式的工具"。例如《老子》之逃遁，他以为是回到自然或人性。同时，他反对今人对古代典籍急功近利的态度，"讲《易经》就是算命，讲《孙子兵法》就是商战"，直接将矛头指向了当时盲目的国学热。

　　而对于这种治学态度中的经世致用，北京大学教授唐晓峰这样评价，"李零恰恰不是埋头读古书的人，他的现实感受力极强，每次大潮起来，他都能意识到其中的问题，非常清醒，也敢于对潮流说'不'。"

　　李零说自己是读书人，将"我们的经典"和其他著作看作读书笔记，表示"读书就是长知识、解闷寻开心，和普通读者其实是一样的"，并引用孔子"古之学者为己，今之学者为人"的说法，再次表明何为"先去魅，后读书"。

三年磨一剑 考据义理释易经

在李零口中，文化是一个大课题。"我们的经典"四部作品没有优劣高下之分，同样重要。

不过，作为最古老经典，《周易》的重释意义重大。传说中，人文初祖伏羲画卦，而文献考古显示，商周便已出现雏形。其后，从孔子口中得以佐证，"加我数年，五十以学易，可以无大过矣"，可见，《周易》已经是当时的经典。到了汉代，《周易》居群经之首。后世九经、十三经也保持了这个排列顺序。《周易》在西方世界被公认为东方古老智慧的代表。但多年来少见深入浅出的译本，导致其变为一本人人爱谈论但无人能看懂的经典。

简帛文献和学术源流，中国方术研究是李零的学术方向之一。在此研究基础上，他著有《中国方术考》、《中国方术续考》。如果说，"我们的经典"中前三本，李零基本保持一年一本的从容，到了《死生有命 富贵在天》，他则耗费了三年时间。依据传世文献，将《周易》的渊源和基本思想置于学术史、思想史的框架下，作了提纲挈领的分析。书中用400多页，20个占卜术语，逐句对《周易》进行解读，不能不说是下了一番考据工夫。

他在《死生有命 富贵在天》的参考书目中，细数了从汉魏唐宋旧注，到清人著述、近人著述、出土文本研究、易学史及其他共

5部分的40部参考书目。同时，在前言中，提供了读周易的方法，即"先读原书，次读易史，最后读出土本"，又开出了14本书目。

上世纪80年代以来，中国社科院考古所出身的李零一直从事先秦典籍研究，李零式解读所强调的，恰恰是基于严谨考据，尊重原书词章，还原当时的历史情境，从而上升到义理，力求避免对古代学术的误读和时髦曲解。社科院考古所研究员赵超说："不用现代人的想法去解读古人，这是真正的学术与政治宣传、时髦看客之间的本质区别。"

周易——这本被世人视为"算命书"的古老经典，李零的态度是"世皆迷其占，我独爱其辞"。他表示，说周易不能不从占卜开始说，占卜体现出古人的思维方式。但也要看到，占卜只是概率，更为重要的是《周易》经传中蕴含的阴阳对立、五行循环的自然哲学。

他戏谑地在文中说道："看病，算命，谁也拦不住，世界杯，看台上全是迷信鬼，贝利的预言总是落空。你问《周易》灵不灵？最好去问章鱼保罗。"

看似难讲话 讲的全是大白话

作为群经之首，《周易》也是最难读懂的古书之一。李零亦坦言，只要读一读就知道，《周易》是本十分枯燥的书。

而他在《死生有命 富贵在天》中，对《周易》正文加以全新的整理和疏解，破解了许多疑点，并用简要的语言贯通大义、白话译注。

翻开本书目录，可见"六龙天上飞"、"母马地上跑"这样口语化的句子，它们注释的恰恰是古代朴素辩证哲学中最严肃的二元起源：天与地——"乾"卦与"坤"卦。而"小肥猪，真可爱"，"老公羊，脾气坏"这样的句子分明充满了童谣般的鲜活趣味。《周易》中充满了极为艰深的术语和古文，经此注释顿时拉近了生活。曾有网友这样评价李零：看似难讲话，但讲的全是大白话，十分浅显易懂。

在圈子化课题化的当代学术界，李零"不入基金账目陷阱，不搞集团攻势"，也极少主动介入公众舆论中，作为用脚投票的人，他在自己的研究方向上用力，写"自己的书"。而他的写作之所以出名，并不完全因为其学术专著的"难"，更在于他系列普及类作品中的"易"，无论多么晦涩艰难的概念，李零总能解说得明白晓畅。

他的大白话，也体现在说话的直来直去。这些年，他研究海外汉学有些心得。他直截了当地表示，要给国学热降温，也要给港台学术和海外汉学去魅。李零认为，1949年以来，大陆的人文学术，通过学术机构的建立与完善，文物、文献的科学发掘与整理、研究，并非产生了断层。相反，他以为，"传统文化在这儿，文物在这儿，学者也在这儿"，不能盲目迷信港台学术。

[采写 / 新京报记者 / 刘雅婧]

《易经》可用于占卜，更是一种自然哲学

让经典回归诸子百家的讨论中

选择我们的经典的标准是什么？

李零：我所选择的四大经典，和中国人的思想方法有关系，也是西方汉学家选择的四大经典。因为西方人很重视思想史，比如他们讲到希腊经典，一定会读柏拉图、亚里士多德这些思想家的东西，所以他们在中国古籍中寻找的也是最有思想和智慧的作品。我们研究西方要读《圣经》，他们研究中国，在道教里找本书当作宗教经典也可以理解。而且传统所说的经典从来都不是固定的，比如《论语》，无论在战国还是汉代，都不会算作经，它在汉代曾被视为传记，后来也恢复成经，所以经典的概念一直在发生变化，我讲

的"冯胡异同"里，胡适先生一个重要的贡献是，讲思想史不独尊儒家，重新拉回到诸子百家的范围内来讨论，所以儒家经典也是诸子文化所依托的一个经典，其实它还在子学的范围内，而非经学。

《易经》被《易传》阐释为自然哲学

《易传》用以阐释《易经》，为什么被称为易学革命？

李零：说到《易传》和《易经》的关系，我们回过头看《汉书艺文志》就知道。在当时，选择术影响最大，所谓周易之学，虽然因为经学的作用，其思想内涵日渐被重视，但和今天一样，大家对它的兴趣主要在算命，所以仍作为一种术书在传播，在术书列里面，一方面，易学借助经学的力量，另一方面，用顾颉刚先生的说法，汉代的学术中，儒学本身就人讲阴阳五行，知识阶层和统治阶层也重视。阴阳五行，原本跟天文历算选择之书关系更大，但当时《周易》的地位已经改变了。从术书演变的历史来看，周易在战国秦汉时发生的变化是非常重要的，跟我们自然科学史研究最密切的，是古代阴阳五行学说到底怎么形成的，在《易传》的阐释下，《易经》获得了新生命——它变成阴阳五行学说的一个经典。而且，中国的数术方技无所不在，本身却没有一个经典，大家要研究阴阳五行学说，只好将《周易》作为经典。中国思想史中，关系到宇宙论和中国古代自然哲学，《周易》有独特的力量。所以一方面，我们是在讲一个孔子的时代就在读的最古老的经典，也要看到它在战国秦汉所发生的后续转变。这就是我理解的易学革命。

占卜是统计学，体现投机心理

《左传》中可读到古人会进行多次占卜，为什么？

李零：《周易》一直被用于占卜，而扑克和占卜相似，都是概率统计学，占卜里体现的投机心理是特别普世的，就像现在人们算命，求医问药一样。希腊人不管干什么都要去神庙里去找神谕。但时常又要走后门，不断贿赂神庙的祭司，最终是想贿赂神改变结果。《左传》里也记载了人类这种相似的原始思维，一方面要卜筮，一方面对结果不满，会多次占卜，还会故意作相反解释。情况很复杂，经过多种解释和占筮，有一定的随意性，根据自己的意愿，这需要去研究占卜的心理学。

周易与《老子》同样讨论终极问题

周易所说的"道"和老子所说的"道"有何关联？

李零：《老子》说的"道"也是在探讨终极问题，虽然《周易》对"道"的理解和老子的未必一样，但是他们所关涉的对象是完全一样的。

石刻八卦图像。

汉代女娲伏羲拓片。

渡

中国自然哲学传统一直在延续

中国自然哲学还存在吗?

李零:不能把中国当怪物,觉得外国有的中国就没有,比如,自然哲学是西方概念,我们过去想到自然起源问题,在西方宗教中首先有创世纪。那么,中国创世纪在哪儿?中国人对宇宙怎么看?对这点来说,中国人看问题的角度不同,但是不代表没有自然哲学观。中国的宇宙论和自然秩序,集中起来就是阴阳五行学说,虽然阴阳五行学说并没有一本专著,而是散见在相关的自然科学分支里。在科学昌明的现代,也未必能有人专门对其进行科学研究,通常放在哲学系里,被搞思想史的人研究一下,但是中国毕竟是有这种传统的,在当代,对具体学说而言,它对中医理论的支配性较强。

港台学术也有政治背景

你作为传统文化研究者,怎么看海外新儒家?

李零:讲新儒家需要注意港台学术的政治背景。即使在台湾,文化也与政治运动相关。1966年,大陆在搞"文化大革命",台湾搞了中华文化复兴运动。其内部资源就是新儒家和其理解的传统道,外部与美国当时一个基督教组织相关,这个组织在搞世界道德重整运动——要以基督教的道德来统一其他道德。中华文化复兴运动也是以儒家为核心，希望建立儒教，领导四大宗教。新儒家宣言基本和中华文化复兴运动非常相似，近年来大陆很多非常响亮的政治口号是从台湾来的，比如大爱无疆就是台湾的净空法师提的。中华文化复兴运动后来也歇了，原因就是李登辉上台。但是他们那边歇了，我们这里兴起了。

要公允评价两岸传统文化

近年来谈传统文化必谈台湾学术界，你怎么看？

李零：台湾学术这些年在中国放大，和中国现代思想界的生存状态有关系，历史基本都是吃后悔药的，都爱往以前看。离我们最近的后悔药就是台湾，现在台湾有一种神话，说传统文化都在那里。比如1948年底，蒋介石发动抢救大陆学院文化计划，台湾本地不知什么叫传统文化。传统文化是国民党带去的。

台湾学者有个比较好的优势，就是没有太多的政治运动，但学术也并非脱离政治。同样大陆学者也没有中断传统文化，中国文物也没有全跑到台湾去，绝大多数在大陆。学者也在这儿。你去看看中华书局、三联、商务印书馆的书目，古典文献的出版都是很多的。对台湾和大陆的文化要作公允的评价。

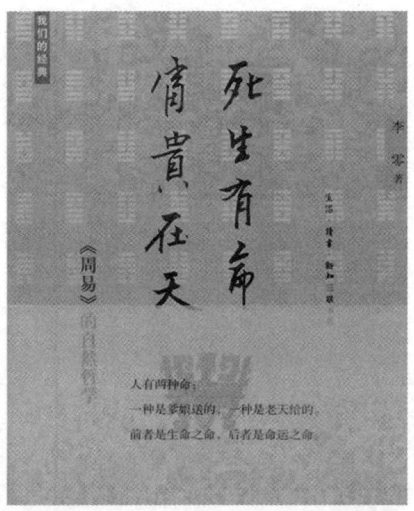

08 托克维尔

一本老书的突然走红

岁末年初，已故去一个半世纪的法国思想家托克维尔忽然走红，其写于1856 年、上世纪90 年代就曾在大陆出版的学术著作《旧制度与大革命》，更被人们热情地阅读、讨论，令人意外，也颇可玩味。

[撰文 / 新京报记者 / 朱桂英]

[托克维尔其人其书]

在过去和未来之间

历史地看，托克维尔本人在西方思想史上，并非是一开始就占据思想重镇的人物，很多思想史作品中，关于托氏，只寥寥几语，比较常见的做法，是谈自由主义思想者约翰·穆勒的专章中，置入关于托氏的介绍，因为托氏的《美国的民主》，对民主与自由的矛盾进行了辨证论析，被穆勒视为自己个人阅读中影响极大的作品。

近20多年来，托克维尔的价值地位在提升，原因是，他曾经预测，民主是整个世界不可抵挡的趋势，关乎全人类。这种论断，与当代世界中的国家民主转型之潮，形成有趣的呼应，于是，人们重返托氏作品。与此同时，学界对其评价也在不断提升，甚至有人将托克维尔与马克思和穆勒并列，三者分别被冠以民主时代预言家、资本主义批判家与自由主义辩护人。

《美国的民主》是彼时托克维尔的成名作，也是让他获得"民主时代预言家"的作品，在此书中，托氏的立场非常鲜明，认为民主是必然的，但要防止大多数人的暴政，民主的权威具有压迫性，造就平庸而扼杀个人创造力，故而，民主之下必须保障个人自由，民主是保障自由的手段。此书多少带有说服的意味，在欧洲，民主时代的到来，是以摧毁贵族制度为前提的，而以暴力革命为必经阶段，很多人习惯认为民主与动乱、革命之间有某些必然联系，托克维尔则要告诉人们，民主越发达，动乱越少，革命越不可能。他在书中专门列有一章论"大革命何以越来越少"。

而中国当下受热捧的《旧制度与大革命》，则是托克维尔晚期作品，他试图阐明，是什么造就了一场突然、彻底又充满矛盾的革命，为何人们喊着崭新的口号，一番腥风血雨之后，却只是利用旧政府的专制大厦建起了另一座新的专制大厦。他曾言此书仅到达革命的大堂门口，另有下部待著成，届时他将从研究原因转向研究革命本身，并评判革命所产生的社会，可惜天寿不永，书未完成。

也正是因缺下半部，对《旧制度与大革命》的理解分析是开放的。托克维尔止于如下感慨：历史是一座充满着复制品的画廊，却缺乏原作。一旦以资治通鉴之心阅读此书，不同的人用不同的社会经验与逻辑，推出完全不同的结论：有人看出革命之后的废墟承载不了社会希望，有人试图测量改革与革命之间的距离，有人在此书中寻求平稳的民主改革之道，如此等等。

真相，他是法国最后的贵族

我们可以从托克维尔的生平与时代出发，去靠近他的思想。

事实上，托克维尔从小生活在一种忠于王室的气氛中，他曾回忆少年时代，和家里人一道唱缅怀路易十六在断头台上被处死的歌曲，全家都悲伤落泪。托氏的曾外祖梅尔歇布（Malesherbes），在法国大革命恐怖时期挺身而出，为路易十六担任辩护律师，全欧贵族奉其为偶像，辩护失败路易十六被送上断头台，连同托克维尔的外祖父一并处死。托氏的亲生父母则在短暂的蜜月期间，被革命政府逮捕并判处死刑，因热月政变才得以获释，其母亲为此终身神经惊恐。在接受了比较完整的贵族教育后，托克维尔获得巴黎皇家学院法学学位，后进入凡尔赛宫担任法官，成年从政后，在政界和学界交际广泛，身边形成一个思想文化交流圈。1830 年七月革命推翻了复辟王朝，为避免新政府与家族之间的矛盾，托克维尔与挚友博蒙于1831 年赴美考察，1832 年回国并于 1835 年完成了自己的成名作《论美国的民主》。美国之旅，让托克维尔得以超越自己的所有生活经验，而用更加开放的眼光去看世界，而且也对建设一个既有自由又有民主的社会充满希望。法兰西第二共和国时期，托克维尔出任外交部长，1851 年12 月，路易·波拿巴发动政变，托克维尔结束了近12年的政治生涯，他本希望通过亲身参与政治实践，来实现自己心目中的社会理想，但政治抱负终究付之东流。他意识到自己更擅长的是学术思想而非现实政治事务，故退出政坛专心从事著述，历时五年，完成《旧制度与大革命》这一著作。三年后，托克维尔因肺结核病逝于戛纳。他曾经在自己的《回忆录》中写道："在思想上我倾向于民主制度，但由于本能，我却是一个贵族——

这就是说，我蔑视和惧怕群众。自由、法治、尊重权利，对这些我极端热爱——但我并不热爱民主。……我无比崇尚的是自由，这便是真相。"而他在1835年写给穆勒的信中则说："我的趣味决定了我热爱自由，我的本能和理性决定了我热爱平等。"但托克维尔口中所谓的自由，是法国历史上著名女公知斯塔尔夫人曾说的那种自由，"在法国，自由是古典的，专制是现代的"。托氏曾经向他的妻子感叹说，能够看懂自己的书的人，实际上非常少，因为在法国像他这样珍爱自由的人非常少。在《旧制度与大革命》一书中，托克维尔对自由的诠释是，自由让灵魂变得丰富有光，使人变得有创造力，在自由中追求自由以外的东西的人，只配成为奴仆。他也曾以此出发，批评法国大革命之后，自由成为一具空壳，成为人们追求政治地位与经济利益的障眼布。引用他自己的说法，托克维尔是法国大革命后残存的贵族，这才是真相。他的全部思考，也围绕着这一点，即如何看待法国大革命全面摧毁欧洲贵族体制这一历史事件。

[撰文 / 历史学博士 / 刘仲敬]

[托克维尔的问题意识]

群氓时代的异乡人

[托氏的立场]　**拒绝平等的奴役**

从图书馆分类学的意义上说，托克维尔属于保守的自由主义者；但这种僵硬的说法没有什么价值。从问题意识和世界图景的角度看，托克维尔跟斯宾格勒和韦伯有极大的可参照性——他们有相近的出发点；跟麦考莱和哈耶克却颇有些貌合神离——他们只是有相近的敌人而已。

不同于此二人，托克维尔、韦伯、斯宾格勒的世界图景是：自由与文明的最佳状态已经结束，或是很可能行将结束；粗鄙的同质化沙漠注定要淹没百花齐放的绿洲。托克维尔把这种未来称为"民主"，韦伯称之为"铁笼"，斯宾格勒称之为"群众的无形态政治"。如果托克维尔显得比较乐观，原因主要在于：他的参照系是早期美国，韦伯是战时普鲁士，斯宾格勒是晚期罗马。

托克维尔生在这样一个时代：各等级共治（封建主义或贵族政治）的旧欧洲经过绝对主义国家（王权削平贵族，实现初步平等化），最终步入大众民主制（群众消除王权，实现全面平等化）。如果我们用热力学第二定理的框架观察历史，就会看到熵增（同质化取代异质多态）过程的不可逆性。一杯热水和一杯冷水混合成一杯温水，是自然的趋势。两杯温水自发演变为一杯热水和一杯冷水，是不可能的。同样，身份不平等的各等级演化为身份平等的同质化群众，这是一个不可逆的过程。因此，抗拒平等化无异于抗拒全能上帝的意志。明智之士只会考虑一个问题：我们想要平等的自由（美国），还是平等的奴役（拿破仑）？如果我们想要前者，应该注意学习什么历史经验？以上这两个问题可以概括托克维尔的全部著作。

[托氏的问题意识] **自由生气和平等之福**

不言而喻，"托克维尔问题"跟托克维尔的生平背景关系密切。他和拉法耶特一样，都是出身贵族的"人民之友"。他比谁都清楚：在身份不平等（封建时代）的几百年中，是贵族和王权的斗争保护了欧洲自由的萌芽，使欧洲没有像东方专制国家一样万马齐喑。他相信：即使参差多态的自由和创造力伴随着不平等的残酷和压迫，平等的幸福安逸伴随着平庸和单调，在全能上帝的眼中，后者仍然优于前者。

然而，如果自由的生气和平等的幸福能够两者兼得，除了极端怯懦、毫无志气的人，谁会愿意放弃这样的大好机会？何况，这种机会并不是理论上的空想。美国已经证明：在审慎而贤明的宪法体制下，自由与平等同样欣欣向荣。天性骄傲的贵族可以在生而自由平等的国家自由呼吸，就像在自己的家里。如果贵族和群氓一起落入世界霸主平等的轭下，他的痛苦就比群氓大得多。由于平等的奴役同样具有极大的内在稳定性，生活将变成永无止境的流亡。

当然，"托克维尔问题"只适用于封建将亡未亡、平等将兴未兴的时代。在中国历史上，唯一勉强接近这种形势的时代就是春秋战国时期。然而，以后的历史路径跟美国的方向相反：美国人为了自由而争取平等，两者兼得；秦政以后的中国人为了平等而消灭了贵族，接着就平等和自由一起丢掉了。

受过良好教育的中国人读到托克维尔论平等的奴役，一定不会无动于衷。他的大意是：如果平等与奴役的结合长期化，心灵的水准一定持续低落。实用技术或许可以繁荣，然而追求纯粹科学的理论探索肯定无以为继。全民陷于平等的愚昧，统治者只要垄断少量的知识就可以随心所欲地统治。这样的国家就像一座黑暗、狭窄、令人窒息的小屋。

[东西历史路径]　**特殊自由与庸俗平等**

东西方文明迄今为止的经验为我们描绘了以下历史路径：

一
渡
一

日耳曼蛮夷步入文明世界，将部落组织直接变形为封建体系。"国王、贵族与人民"是"酋长、长老和人民"天然的政治后身，阶级森严，尊卑判然，但没有一个凌驾于各阶级之上、外在于社会（society）的强大政权，社会或者说诸社团（societies）依据王国的法统（legal constituted authority）和各阶级的法权（legal rights）自我治理。国会是各阶级代表及各法人团体代表进行利益博弈的场所。国会就是自由，因为自由就是各阶级博弈的产物，立宪政体就是各阶级的力量平衡。

这种自由是阶级社会的产物。阶级社会以不平等为原则，但并非一切不平等社会都能产生自由。在东方的吏治国家中，尊卑和财富的不平等远远超过阶级分明的封建社会，全能国家面对散沙社会，国家和社会界限森严，但社会各阶级的分野模糊混乱，没有明显的阶级意识，尤其没有封建欧洲能自我治理的阶级组织。可以说，这个社会有尊卑贫富，却没有作为诸特权与诸自由（privileges and liberties）主体的阶级。

在这个社会中，君主只是游民无产者中的幸运儿，不需要法统依据，可以通过赤裸暴力取得统治地位，离开赤裸暴力就会一无所有。贵族只是得宠官僚的荣誉称号，没有离开政权以后仍然可以分庭抗礼的独立阶级力量。城市只是人口较多的乡镇，没有自治组织和宪章。平民群众更换身份就像更换衣服，因为没有严密的阶级组织可以保护并约束他。斗争不在有组织和法权的各阶级之间展开，而在原子化的个人之间进行，不为权利，而为生物学层面上的富贵或温饱。这个社会最鲜明的特征就是组织资源极端匮乏。

[东方吏治国家的困境] **在平等的奴役中**

吏治国家产生的目的本来是仲裁各阶级的冲突，但它越来越强大，超过了所有阶级力量的总和。吏治国家早已折断了各阶级的骨骼，吞食了它们的血肉，把残骸化为原子化的个人，因为任何组织资源都可能是它的潜在威胁。在外部观察者的眼中，这个庞然大物没有骨骼、没有组织器官的分化，由面目雷同的阿米巴直接聚集而成。

吏治国家是最后的组织资源，一旦解体，社会就会瓦解为阿米巴状态。吏治国家是社会最大的诅咒，也是唯一的救星。吏治国家是最后一道符咒，将无政府状态禁锢在胆瓶中。吏治国家是社会丧失自我治理能力后，赖以延续残年的外部起搏器。有人幻想：有了先进、精密的起搏器，心脏就会强大；这是一个严重的错误。另一些人幻想：打倒起搏器，心脏就会强大；这是一个更加严重的错误。如果你在和平时期就离不开起搏器，尽可能维持现状就是最好的选择。

这个社会却享有一种奴役的平等，平等程度往往超过享有法权的阶级社会。在没有法统的地方，命运有最大限度的不可预测性。末路王孙青衣行酒，里巷小儿干禄公卿，皆为司空见惯，不会受到阶级或任何组织规则的限制或保护。没有规则就是最大的规则。这种平等的代价之一，就是王侯将相无种，大位人人可欲。因此，帝国必须把全民视为假想敌。

[托氏对未来的恐惧] **不宜过度诠释**

"托克维尔问题"产生于托克维尔对未来的恐惧：平等化通常以追求"自由的平等"为开端；可是一旦走错了路，就会演变为"奴役的平等"。怎样才能摆脱"奴役的平等"、实现"自由的平等"？无法在托克维尔这里找到答案。在托克维尔看来，欧洲人参考美国经验、预防"奴役的平等"，希望极大。他为什么要坐在岸上研究"怎样先落水再爬上来"呢？

有人以为：托克维尔著作能提供避免大革命的妙计，这完全是郢书燕悦的产物。春秋时期和封建欧洲还有一些形态上的类似。秦政以后，任何时代的中国政治社会形势都不能跟欧洲封建制或绝对君主制相比。而且，即使中国革命和法国革命有共同之处，中国的历史时间表是在革命后，而非革命前。任何人都清楚：低血压和高血压都可以造成晕眩，但万万不能用同一种药。

在后革命时期，法国人应不应该摆脱"世界霸主平等的奴役"？如果应该，怎样才能摆脱平等的奴役？托克维尔没有提供答案，甚至没有给予多少关注。这个问题通常跟希波利忒·泰涅的《当代法国的起源》联系在一起。不过，这些想要"以史为鉴"的中国人其实也不关心"泰涅问题"。其实，他们的真实想法类似迎娶奥地利公主的拿破仑：如果既不能走正统派的老路，又不能走共和派的新路，那么，拿破仑的事实政权应该怎么办？然而，法统（legal constituted authority）问题是宪制问题的一部分。托克维尔的切入点是身份平等与社会演变，没有涉及这方面的困难。

实事求是地说，中国读者不应对此过度阐释，否则很容易把自己的期望当成托克维尔的洞见。

[四学者阐释《旧制度与大革命》热读潮流]

托克维尔的中国启示:觅渡！觅渡？渡何处？

《读书》主编 / 王炎

当下《旧制度和大革命》被热读，是因为当下中国的结构性处境和托克维尔所处时代的法国，有一些相似性。

法国革命把民众变成了原子化的个人，他们无法形成社会群体，偏爱暴力。这种原子化的社会搞不了民主也恢复不了贵族制，法国当时的困境就在这里。

这也是通过革命走向现代的国家的普遍困境，苏联一样，中国也一样。

在《旧制度与大革命》这本书里，托克维尔主张应该允许民间自由结社，这样就会形成比较理性的社会结构。还有，适度放开，把民众纳入到各个法制渠道里。

他还批判一种文人政治，就是文学家成了政治的领袖。文学家往往没有政治经验，只是通过写小说、写宣言来进行抗议，而按照文学家的路子来搞政治，必然越搞越糟。

对社会改革充满激情的人，主义和思想却不见得是正确的，很难达到一种理性化的效果。

我觉得一方面执政者应该开放政治，让知识分子了解政治，有政治经验，另一方面，知识分子本身也要理性地、负责任地参与政治。

现在中国主要的两种倾向越来越极端化，中间的道路却没人考虑了。我觉得托克维尔提供的那些思考的方向，就是问题的症结所在，沿着这些方向去思考，应该就会找到走出中国后革命困境的一把钥匙。

历史学教授 / 高毅

我觉得现在的托克维尔热实际上反映了中法文化的一种亲缘

性。在历史上，中国和法国就存在着一些互动，作为东西方文化的典型代表和中心，他们的互动常常能产生非常重大的世界历史性的影响。

比如在18世纪的启蒙时代，中国文化就曾经深刻地影响过启蒙运动。法国启蒙运动的旗手伏尔泰，还有对法国革命产生重大影响的重农学派的首领魁奈，都是热切的中国迷。启蒙运动受到了中国文化很大的影响，而启蒙运动又深刻地影响过法国大革命，有学者说没有中国文化的影响就没有法国大革命。而到了20世纪初，法国革命的文化又深刻影响过中国革命的舆论准备，在中国触发了一场法兰西式的大革命。可以说没有法国革命政治文化的东传，就没有20世纪的中国革命。

法国的历史经验对于中国来说特别重要，因为两者一样都有着悠久的历史传统，都是小农社会，在历史上都受过很多外强的欺凌和压迫。法国在建设现代社会的过程中是走在前面的，他们作过很多的努力，有了很多的经验。这些经验对于建设现代社会过程中走得比较晚的中国肯定有借鉴作用。

这次中国的托克维尔热，尤其是大家对这本《旧制度与大革命》产生了这么大的兴趣，反映了中法文化交流史上一个有规律性的现象。

《旧制度与大革命》中最重要的观点就是，大革命后社会又延续了旧制度的政治文化。大革命以后人民主权成为一个普遍的共识，民主化也成为一场世界的潮流。可法国自身的问题没有马上解决，旧制度政治文化的影响也没有立刻消除。

哲学学者 ／ 徐友渔

《旧制度与大革命》本身就是一本值得阅读的书。

托克维尔对当时法国大革命前夕的社会矛盾与社会状况有着非常深入的观察，他解答了一个问题，为什么会发生法国大革命。

但我觉得将中国现在状况和法国当时的状况作比对，是没有意思的。

托克维尔本身包含着这样一种意识，就是执政者要非常熟悉和了解社会的状况，社会状况会给他们敲响警钟，当社会矛盾加剧时，统治者应该规范自己的行为来适应这种社会，使矛盾缓解下来，如果做不到的话，可能就会爆发革命。托克维尔其实是向所有人敲响了警钟。

托克维尔的另一部著作《论美国的民主》也是本很好的书。托克维尔的观察是非常深刻和锐利的，他看到了很多政治理论家都没有看到的东西，所以他的书确实对后面致力于让社会变得更和谐更美好的人以启发。

我们不应在阅读托克维尔的时候求立竿见影的效果，而是看书掌握基本原理，举一反三。从实用主义的态度来学习托克维尔，是不好的，这恰恰说明我们对托克维尔的重视还不够。

思想史教授 / 许纪霖

如何理解《旧制度与大革命》被热读？改革是一把双刃剑，改革好可以制止革命，但如果改得不成功、不彻底，就有可能成为革命的诱发剂。

从历史上来看，中国和法国很接近，两个国家都有着永久的官僚传统，在革命之前都是君主专制，大家都满心以为一场革命可以改变一切，可以创造一个新的理想的社会。

在我看来，托克维尔的另外一本书同样重要，就是《论美国的民主》。

实际上，仅仅就法国来看法国，托克维尔是很绝望的，但到了美国之后他发现了一个新的希望，他看到了美国革命中法国革命所没有的成功的原因。

美国革命中有两个因素，在托克维尔看来是特别重要的，一个是自治，不是仅仅依靠顶层设计来解决问题，更重要的是通过解决普遍的地方政治、基础设计，来解决历史循环的问题。

另外一个是宗教，法国大革命摧毁了旧宗教，也摧毁了整个国民的信仰。但是美国革命当中保留了宗教，成功地形成了一套价值观。

而宗教的问题在中国来说，就是伦理道德重建的问题，一个新的社会不仅要有好的制度，也要有我们公认的价值观。中国的问题不仅出在制度层面，也出在这样一个价值的层面。

政治与友谊：
托克维尔书信集

〔法〕托克维尔 著　黄艳红 译　俞 明 编校

上海三联书店

论美国的民主
De la Démocratie en Amérique

L'ANCIEN RÉGIME ET LA RÉVOLUTION　Alexandre Tocqueville

旧制度与大革命

〔法〕托克维尔 著

托克维尔之问——
何以法国人先要改革后要自由？
何以繁荣反而加速了大革命的到来？

史学珍珠　权威全译本

了解法国大革命必读书 中译本印行二十周年

09 张英洪

悯农

张英洪，出生于湘西农村，主要从事农村和农民问题研究，尤其关注农民的基本权利和自由尊严，曾以"纵观上下五千年，横看东西两半球"自勉，立志以自己的学术努力分担农民的心身疾苦，以自己的独立思考推进中国的民主政治。著有《给农民以宪法关怀》、《农民权利论》、《农民、公民权与国家》、《认真对待农民权利》等。

[采写 / 新京报记者 / 朱桂英]

张英洪：农民之子的精神反哺

一个乐观主义者的三农研究之途

对于三农学者张英洪而言，一切都在变得更好，无论是生活，还是学术。办公室的书柜里，装满了他喜爱的书籍，地面上堆叠着他即将阅读的书籍，而他自己的学术作品《农民公民权研究》在一番波折后，也终于出版。这是中国第一部从公民权角度研究农民问题的著作。

"也许我本来就是一个乐观主义者，所以生活最终按照我希望的方式展开了。"张英洪毫不掩饰自己的欣喜，笑容在嘴角结束，而笑意仍浮动在眉眼间。他把自己的学术研究作品，看成一个农民之子凭借良知与学识，对农民进行的精神反哺。

十几年前，他发表文章主张取消农业税、建立农民社会保障等一系列新政策，被周围人嘲以"天方夜谭"之论，如今已成为现实。多年前，他放弃单位分房、升职等机会，全身心攻读博士学位，一心作学术研究，有人迷惑不解，现在他可以用自己的作品来回应他们。

他现在所从事的实际工作是政策研究。学术研究与政策研究存在一定的距离，前者意味着个人的自由思想，后者倚赖权力以执行，他一直在努力平衡自己，不至于作出非此即彼的尖锐选择，既保持独立，又珍惜体制内行动的空间。

于建嵘谈起他，说这个来自神秘湘西农村的汉子，有着湖南人的血性与才智，能始终坚持独立思考，保持学者良知，既不为权势所压倒，也不为世风所迷惑。而张英洪自己的解释是："我想知道更多关于'建设一个更好的社会'的知识，这几乎是支撑我全部生活的信仰。"而一旦生活被自己认可的意义与价值观所驱动，所有代价都是值得的。

[荷戟彷徨] **承受封闭的现实**

张英洪出生于1968年，少年时代在"文革"中度过。大山之中的湘西农村，与外界隔阂，当中央宣布"文革"结束时，时代的错乱仍然荡漾在张英洪的生活中，村子里随处可见"文革"标语，乡人日常生活中使用的词汇以及行事的作风与习惯，不时露出戾气与暴力的影子。至1986年高中毕业，村干部竟因嫉妒而扣下他的大学录取通知书，导致他不得不复读一年，也让他切身体会权力可以扭曲人性。之后，社会秩序与权力结构，成为他长期思考研究的对象。

关于自己的大学时代，张英洪反复强调那是一个"黄金时代"，社会气氛开明而活跃，大学里洋溢着明快自由的思想之风，无论是教师还是学生，都充满了浓郁的现实关怀，以及高调的理想主义，似乎只要自己愿意，个体的人生就可以与时代的进步相结合。

尽管，在之后的人生里，他意识到这种崇高的激情多少夹杂着脆弱与虚渺，对于个人而言，接受自己所不能改变的，改变自己所能改变的，才是较为理性的立场。但那种气氛带给他的理想主义的精神底色，他始终是心怀感激的，而且彼时风气下所孕育的文化热，以书籍的形式进入张英洪的生活，使得他通过阅读进入更为开阔的世界。

他是上世纪80年代兴起的学者编书热的受益者。此前充满不公与粗砺的现实，压制着他对社会的想象力，阅读则迅速打开了他封闭的心灵。他读朱光磊的《以权力制约权力》（"走向未来丛书"中的一种），得知人类可以建设一种更好的社会制度，保障每个人的自由与尊严，激动难言。多年以后，他在香港中文大学做访问学者，特意去拜访了丛书的编委金观涛先生，他向他表达自己的感谢，内心则因自己未做出像样的学问而隐隐自责。

大学毕业，他被分配至县里的百货公司当营业员，成为县里第一个站柜台的大学生。理想与现实存在巨大的鸿沟，而他无力跨越，唯一能做的，是实践自己学到的商业理念，诸如"将顾客当作上帝"。他的大学生身份以及热情周到的服务，使他成为一位被众人围观的新闻人物。在那段他明知要告别的生活里，这是一抹青春的亮色。之后凭借勤恳与真诚，他被调至县委工作，一度任职县委书记秘书一职。

[格格不入] **自发成为三农问题研究者**

上世纪90年代以后，农民问题日益尖锐。家里务农的父母，辛苦劳作一年，最后却无力上交农业税，需用张英洪的工资加以补济。而在自己工作的岗位上，他可以更切实地体会到农民生活的负重与苦楚，农民们写给县委书记的信，总是一纸辛酸。心地仁厚的书记，经常安排张英洪把钱送到农民破落的家里，这个书记在得到众人称赞的同时，也引来更多的求助信，将其拖入被动与无奈。

这一切带给张英洪极大触动。他慢慢明白，要改变农民的处境，光有人道主义是不够的，靠执权者的善心更是有限的，重要的是制度性的保障。在社会问题面前，或者说体制性症结面前，个人的能力是非常有限的，能改变的东西也是非常小。为农民建立社会保障制度的想法，开始在他心里萌芽。

但是在封闭的县城，思想的蕴育与探索是极为孤独的事情，他

［ 摄 / 新京报记者 / 侯少卿 ］

找不到可以交谈与倾听的人，也没有足够的勇气与人交换对社会的见解。阅读成为他生活中重要的部分，也是他孤独的解药。他有时通宵坐十几个小时的火车去省城买书，为获得一本好书而窃喜。

寻求在更开阔的视野上探索农民问题的解决之道，终究给予他告别的勇气，2000年，他重新成为学生。读完研究生，在省委机关栖身几年，他又继续读博士。博士毕业后，他非常坚定地来到北京工作，彼时他在小县城历经的思想上的孤独寂寞，使他难以忘怀。因为他的执著，一切都如他所愿。当然，故乡仍是他心魂所系之地。他把自己称为是"自发的三农问题研究者"，学术冲动因生活经验而生，学术野心则为建设更好社会的理想所驱动。他多次返回故乡，深入调查，遍访乡人。

2007年，在张英洪的调查访谈中，一个在土改中担任民兵的老人，与一个在土改中被划为地主之子的老人，一同坐在他面前，前者精神焕发，侃侃而谈，后者憔悴衰老，自卑拘谨，那是制度留在个人生命里的伤痕。历史就在这样的对照中，露出诡异的讪笑。而一个体面社会最基本的标准，是制度不伤害人，彼此互相滋养。这正是张英洪的愿景。

[采写 / 新京报记者 / 朱桂英]

对话张英洪

农民身份的公民化，是现代化的必然趋势

新京报：你多次强调自己是自觉走上"三农"研究之路的，能否请你谈谈，在你的生活中，这个"自觉"的直接诱发因素主要有哪些？

张英洪：我出生在湘西农村一个普通的农民家庭，在农村基层工作10年，对农民底层生活的境况感同身受。农民遭遇的种种不公刺痛了我的心灵，引发了我对三农问题的思考。上世纪80年代开始，我看到一些农民的房子被强行扒掉了；我看到有的农民被打，有的被迫服毒了；我看到农民与城镇居民生活的巨大反差；我看到

农民在干部的权力棒指挥下忽东忽西；我也看到一些基层政府既与黑恶势力勾结威慑农民，又与资本结盟掠夺农民；我还看到一些地方权力结盟所形成的权力庇护网络。

如果说农民的底层真实生活擦亮了我的眼睛的话，那么某些农村政策的脱离实际与公共政策的背离民意则启发了我的头脑。我发现当时"三农"政策理论研究最大的问题是没有基本的宪法意识和公民权利观念。这引发了我对"三农"问题以及现代国家的深入思索。

新京报：从权利的角度来谈现实问题，尤其是"三农"问题，非常容易陷入理论的灰色所带来的无力，正如你在书中所说，权利本就是一个公共产品，其缺失或者受损，往往带有体制原因，而体制的形成，又有深刻的历史原因，理论上能解决的问题，在现实中则被各种困境所牵绊，你在研究过程中是如何抵抗此种无力感的？有没有具体的方法或者途径，来解决理论与现实存在的错位？

张英洪：我在农民问题研究中，很自然地看到农民问题所体现的权利问题。当我从权利理论上搞清后，对农民现实问题的把握就更准确了。我在《农民公民权研究》一书中，既立足于长期而深入的农村调研，又放眼于人类所创造的共同理论成果。如果没有这两方面的良好结合，可能会误入歧途。

有两种倾向常提醒我注意：一种是缺乏深厚的理论素养而片面

强调农村、农民生活现实。如果单纯地看到农民的生活苦难与社会的不公平不正义，很容易使人陷入民粹主义和历史上的农民起义陷阱。另一种是脱离现实生活实际，满足于纯理论的研究。虽然说纯理论的研究也有重要价值，但如果不与现实生活联系起来，就可能形成理论与现实两张皮。

远离现实、忽视理论，都是片面的。歌德说："理论是灰色的，生命之树常青。"他说的是生活的重要性。恩格斯说："一个民族要想站在科学的最高峰，就一刻也不能没有理论思维。"这说的是理论的重要性。关注农民现实问题，激发了我对公民权理论的探索；当我弄清了公民权理论之后，再来观察农民现实问题时就显得更清晰了。

我之所以特别关注公民权利和法治国家，是因为我确信，如果我们不能将自己的国家建设成一个致力于保障公民权利和个人自由的现代法治国家，我们和子孙后代就不可能有真正的安全、自由、尊严和幸福。

新京报：本报曾经采访过潘毅教授，她认为，关于三农问题，除去顶层设计之外，最重要的是农民自己有权利意识，知识分子在理论上的摇旗呐喊，可能是无济于事的隔空对望，因此她把农民列入自己作品的预设读者群中，希望他们能看懂，那么，你的这本《农民公民权研究》，有没有对读者的预设？

张英洪：我个人的体会是，不能忽视知识分子在理论上摇旗呐

喊的重要作用。如果没有知识分子在理论上摇旗呐喊的贡献，没有通过知识分子公共关怀所形成的尊重人的权利和维护社会正义的社会环境，我们关于"三农"问题的所谓顶层设计可能是损害农民权利的，也可能是违背社会正义的。可以说，农民的权利意识也得益于知识分子的布道。现在的突出问题是，不是农民没有权利意识，而是长期以来我们高度重视意识形态教育，却明显忽视公民教育和人权教育，这使我们的社会严重缺乏对个人权利的理解与尊重。一个民族、一个国家社会科学知识的增长与繁荣，对于国家的良好治理与建设是非常重要的。

在研究视野上，我做到不受学科分割限制，不受地理区域限制，不受传统意识形态限制。所有人都可以从我的书中得到启发。因为公民权不只是应属于农民，而是属于我们每个人的。凡是愿意过上自由而有尊严的生活的中国人，都能从中得到启迪。

从公民权的视角去观察农民问题

新京报：你在书中提出，中国农民在中国现代进程中，比如土地改革、社会主义改造、市场经济改革等，更多的是顺应国家意志，一一承受，你认为这种主体性缺失的原因是什么？这是否意味着，"三农"问题的研究不能仅限于政治体制层面、经济发展层面、身份权利层面，还需要引入人文历史的视角？

张英洪："三农"问题是一个综合性的问题，任何单一的视角都会显得单薄和力不从心。我从公民权的视角去观察农民问题，这只是其中的一个视角。我认为这个视角是非常重要和关键性的，尤其是长期以来我们缺乏公民权的视角观察"三农"问题。当然，这并不是"三农"研究应当选择的唯一视角。全能主义国家的阶段，不要说农民，就是其他社会阶层，也难以发挥主体性。1978年改革以来，国家、市场、社会的边界逐渐清晰起来，市场得到了快速发展，社会也开始生长发育。政治国家、市场经济与公民社会是现代国家的三维领域，农民的主体性将伴随着公民社会的发展而日益凸显出来。

新京报：中国从传统国家走向现代国家，从身份层面而言，需要一个从臣民向公民的转变。农民要获得完整的公民身份，其基本前提条件是体制有相应的安排，体制尚且处于变革之中，怎么去理解你所谓的"完整的公民身份"？

张英洪：我是将农民问题研究放在中国现代国家构建这样一个大的框架和背景中去观察与思考的。现代国家构建具有对外和对内双重使命，对外是确立主权原则，对内是确立人权原则。将公民权普遍赋予全体国民，是现代国家构建的基本原则与显明特征。

我们国家在民族—国家构建中已取得相当成效，这就是人们常说的中华民族已经巍然屹立于世界民族之林。但我们对公民—国家的构建还任重道远，这也是农民这个庞大的群体没有充分享有公民权的重要因素。现在，我们已经到了加快公民—国家构建的时候了。

我在《农民公民权研究》一书中提出，1949年以来我国农民的身份经历了阶级化、结构化、社会化和公民化这四个阶段，现在正处在公民化这个阶段之中。农民身份的公民化是现代化的必然趋势和必然要求。农民要享有完整的公民身份，首先要破除城乡二元体制，使农民享有与市民平等的公民权利，主要是经济、社会和文化权利；其次要改革社会体制，发展公民社会，保障农民的主体性，增强农民的自主性；再次要改革政治体制，使农民享有公民权利和政治权利，依法、自主、平等地参与政治公共生活，真正当家作主，成为国家和社会的主人。

我们能做的就是呐喊

新京报：从道义上讲，谁都不会不认同你从公民权角度去看农民问题，但回到问题的出发点会发现，你的这些理论似乎只能够停留在呼唤与呐喊的层面，具体的建设发展工作仍然是繁复的，且一地有一地的现实，不知道你将如何思考我所提出的这种现实与理论的疏离？

张英洪：《农民公民权研究》是一部学术理论著作，不是政策研究。作为政策研究，当然还需要研究如何发展公民权利，这是我当前从事的农村政策研究的主要任务，我已在许多课题研究报告提出相关政策建议，比如改革户籍制度，比如改革农村产权制度，比如在城市化进程中维护和发展农民土地财产权，比如破除双重二元结构，实现农民工市民化，比如实行从小学到高中的免费教育，比如为中小学生提供免费午餐，比如实行社会保障的全国接续，等等。

作为学者或知识分子，正如江平所说的那样，我们能做的就是呐喊！这是三农学者的职责所系，义不容辞。

新京报：现在的"三农"研究，从接受与效果层面讲，我大致将其分为三种类型，一种是反映现实，通过大量实地调研，将农民这个沉默已久的群体的真实境遇，带入公共关注空间；其二是向下的启蒙，就如我们上面提到的潘毅，她将更多的希望寄予农民自身的权利意识；其三是向上的进言，希望自己对历史的分析研究与面向未来的预测对策，能够影响决策层面，从而使理论发挥实效。当然，这三种类型会以不同的比例搭配出现，那么，你对自己研究的定位是怎样的？

张英洪：上述三种类型都是必要的，不能以一种类型否定或降低其他类型的价值。仅仅反映现实也是不够的，因为不同的人看到现实会作不同的反应。仅仅希望农民权利觉醒也是不够的，例如农民上访维权，说明农民的权利意识很强了。向上进言也是非常必要的，通过政策研究或理论研究，改变人的观念或决策者的观念，从而调整和改善公共政策，推动改革的深入，这是十分重要的。

我希望自己的研究成果能兼顾上述三种类型，一是将60年来农民生活的现实通过调查研究展现出来（有大量的访谈与调研材料），二是进一步促进农民的权利意识，三是提升各级领导干部的权利意识和现代法治观念，四是建言执政者以公民权为重进行治国理政，建设现代法治国家。

通过改革推进公民权利

新京报：就你书中的逻辑而言，这个转型的任务主要是不断建设和发展农民的公民权，那么，作为一个研究"三农"问题的知识分子，你会怎样定义属于自己的时代使命？

张英洪：孔子说"士志于道"，北宋张载说："为天地立心，为生民立命。"这些都是中国知识分子的崇高定位。作为"三农"问题研究者，我觉得有两个人的名言能够很好地表达我们这一代人的使命。一个是马克思说的："一个人有责任不仅为自己本人，而且为每一个履行自己义务的人要求人权和公民权。"一个是艾恺所说的："如果中国能有未来，那么为未来而奋斗的人们应该为建立起码的公民权而共同努力。"

我着重研究农民权利，并不意味着我只关心农民权利。事实上，我关注每个人的基本权利和自由。统治者和被统治者，精英和大众，强者和弱者，富人和穷人，你和我，都应当享有人的尊严、自由和权利。对农民问题的研究使我确信，我们必须深入推进改革开放，尤其是要深入推进社会体制改革和政治体制改革。没有包括政治体制改革在内的基于维护个人尊严和社会正义的全面改革，农民问题不可能真正解决。

—
渡
—

10 贺麟

贺麟的精神遗赠

贺麟（1902—1992），四川省金堂县人，著名哲学家、哲学史家、黑格尔研究专家、教育家、翻译家。在中国哲学方面也有极高造诣，是"新心学"的创建者，被尊为现代新儒学八大家之一。

[采写 / 新京报记者 / 朱桂英]

对话高全喜：二唯之间，两个贺麟

现代学术史上的贺麟

新京报：现在年轻一代的读者，对贺麟这样生于清末，走过民国，又历经新中国诞生之后的风风雨雨，被动乱年代所伤害，但又一定程度上被时代裹挟前行的老一辈学者，已有很深的隔阂，甚至很难理解贺麟先生的某些行为与言论。从学术发展史的角度纵向看，贺麟身处何处？

高全喜：从近现代思想史的视角来看，民国前后可谓是一个孕育思想学术的大好时代，内有古今之变，外有中西激荡，大时代提供大问题。常言国家不幸诗家幸，学术在一定程度上也是如此，思想产生于忧患之际。贺麟前后的那一代学人，早年受蒙于传统，后大多留洋西方（包括日本），置身在中西文化的交汇之地，而后又在从民国到抗战的动荡中发展自己的学术。这一切，使得他们拥有多元的知识体系与开阔的学术视野，并将自己的学术思想与国家存亡、民族复兴、社会建设这些大问题结合在一起。

新京报：但若将贺麟置于这个学术思想的谱系中，以其学术成就加以衡量，贺麟的位置或许并非是高山仰止？

高全喜：这正是我接下来要分析的。总的来说，处于这个大时代中的学人，大致前后50年，他们拥有难得的内外造化，相当一部分人成就于此，彪炳学林，比如康有为、梁启超、王国维、严复、胡适、冯友兰等等，他们形成了自己的思想体系，有经典著作面世，甚至有人还达到了所谓功、德、言之三立。不过，细致一点分析，这个学术思想谱系，又大致分为不同时期的三个学术群体。第一个群体的代表人物是康梁，其思想成熟于民国时期，抗战时其实已然完成其历史使命。第二群体的代表人物是胡适、冯友兰，其思想成熟于抗战时期，1949年前已然完成自己的思想体系的构建。第三个群体，则是于民国初期受教育，发轫于抗战时期，若1949年后有一个正常、自由与稳定的社会环境，或许会产生更加丰富、宏阔的学术思想体系，贺麟先生就属于第三个群体。

贺麟的新儒学，在抗战时期已经初步孕成，他基本打通了德国的古典哲学与中国的儒学思想，甚至有所融汇与开展，前景十分广阔。但建国之后，中国学术进入另外一个思想轨道，贺麟等几乎所有旧中国的学者都需要思想改造，此后一波又一波的思想路线斗争冲击着他们，心灵所受的伤害远比肉体更为残酷，这不能不在相当程度上窒息了他们的思想，哲学如此，文学与法学更是如此。1949年，天玄地黄，我们看到，有一小部分人到了港台或海外，他们中有些人天分资质及其思想厚度，并不高于留在国内的很多学者，但现今我们回顾历史时，却使人有霄壤之叹。牟宗三、唐君毅是比贺麟晚半辈的学人，他们著作等身，义理完备，当然声名及其影响似乎远高于贺麟。

学术思想体系的形成，是一个缓慢的过程

新京报：贺麟找到了中国传统哲学与德国古典哲学的相似之处，何以判断他的思想很开阔，又具有原创性？

高全喜：贺麟把德国唯心论与中国儒家思想结合起来，在强调人的主体性继而发扬民族精神的过程中，找到了它们在精神上的同一性，隐然形成了中国现代新儒学中的"新心学"一脉。新儒学是民国以来关于儒家思想新开展的总体看法，其实有不同的内在学理。冯友兰做的是新理学，他在抗战期间写了《新理学》、《新事论》、《新事训》、《新原人》、《新原道》、《新知言》这六部书，构成了一个完整的"新理学"哲学思想体系，总称为"贞元六书"，他所强调的是格物致知的儒家理学传统。

贺麟与此不同，强调的是心学这个谱系，关注的是陆王心学一脉的思想理路，在"智的直觉"中开启天地与社会之理。其实早在抗战期间，贺麟就隐然有了一个有别于冯友兰现代新儒家的新心学理念，遗憾的是，他还未来得及把这些思考付诸体系性著述，毕竟，贺先生的年龄及资历，比冯友兰要晚半辈。若假以时日，贺麟能够创造出一个中国新心学的思想流派。即便如此，贺麟先生的几篇重要论文，如《儒家思想的新开展》、《五论观念的新检讨》、《王安石的哲学思想》等，被学界认为是现代新儒家的代表性之作，直到今天研究现代新儒家，都绕不过去。

新京报：在《会通集》一书中，张书城文章有这样一段话："在中西哲学的比较研究中，他兼收并蓄，择善而从，想建树一种具有时代特色、中国特色的理想唯心主义。但是正当这一体系'筹建'的高潮时刻，新中国成立了，他的唯心主义体系成了永久性的'未完成体'。"

高全喜：是的，这是很多人的共识。我们知道，学术思想体系的形成，有一个很缓慢的孕育过程，必须涵容广阔的社会内容。现代新儒学与宋明理学虽有不同，但面临的任务却是相似的，宋明理学当时要消化的是佛学的东西，试图把孔孟直至韩愈的儒学道统与佛学结合起来，建立理学。而民国以来，中国的儒家面临的任务是消化吸收西学的东西，尤其是西方的古典哲学，借此建立自己的新儒学。

我们看到，冯友兰接纳的是美国的实用主义、分析哲学，所以他构建了一个新理学，而贺麟接纳的是新黑格尔主义、德国古典哲学，相对而言，思想的厚度和思想的丰富性，比冯友兰所面临的要求更高。贺麟虽然没有构建出自己的体系来，但毕竟已有学术气象，初具规模。假如1949年之后社会政治比较稳定，贺麟就可以慢慢孕育生成自己的学术体系。但中国社会、政治、经济、思想发生了巨大转变，他面临的不是继续在自己的学术道路上前行，而是接受思想改造，要重新学习马克思主义。这样，贺麟就进入到他的另一种人生，也就是我所谓的第二个贺麟。

历经曲折未能发力

新京报：好的起点未必最后能够造就辉煌的学术成就，贺麟先生其实逃不过历史与时代对人的限制。正中黑格尔的那句格言："没有人能够真正地超出他的时代，正如没有人能够超出他的皮肤"？

高全喜：在中国思想史的脉络中谈论贺麟，我愿意用"两个贺麟先生"来概述之。当今学术界对贺麟研究不多，一般是统而观之，所谓中西汇通之总结，大多浮于表面。我所谓的两个贺麟，其分界时间即是1949年。其实，在研究梳理那一代学人的思想变迁以及精神状况时，这样的分界命题不仅可用于贺先生，亦可用于很多人文社会科学领域的学者。概括而言，他们的学术思想在抗战时期蔚然有成，孕育了强大的学术潜力，但历经曲折，道学绝绪，最终难尽全功。他们中个别人在改革开放后又回到前一个自我，接续起彼时的原创性思想，最有代表性的是社会学家费孝通。但绝大多数人则是再也回不去了，还有一些人根本就没有活出那个斯文扫地的苦难岁月。对于他们，我们不能仅有感慨与叹息，我觉得应该对于这批人储备待发的思想理路给予更高的关注，这是我们作为后辈学者的责任。

新京报：具体到贺麟先生，我们所需要关注的更深层次的理路是什么？

高全喜：作为贺麟先生的学生，想到先生一辈子的学术事业，感慨是难免的，如果没有现代中国的政治之变，他的思想成就又会是何种面貌？故而走进贺麟的学术人生，我不得不明确地意识到，这里有两个贺麟，前一个，是身处中西思想会通之际，拥有宏阔的学术视野并怀抱独创性的思想家，后一个，我们待会再述。

贺麟生于四川传统乡村的士绅家庭，后进入清华预备班，对儒学、西学皆很感兴趣。他与陈铨、张荫麟被视为吴宓门下三大弟子，之后留学美国，受鲁一士新黑格尔主义的影响，他喜欢黑格尔，喜欢斯宾诺莎，故而又去德国留学，后于抗战期间回国，服膺于抗战时期的文化建国思潮。1931年甫一回国即写了一本小书，叫作《德国三大哲人：歌德、黑格尔、费希特的爱国主义》（原书名叫《德国三大伟人处国难时之态度》）。贺麟对拿破仑入侵德国前后的那批哲人诗者多系同感，他们在国破家亡之际，努力重建德国精神，贺麟将之引为自己的时代使命，且希望抗战亦能激发中国人的民族精神。

重要的是，贺麟把民族精神追溯到了中国的宋明理学，在他的《文化与人生》、《近代唯心论简释》、《五十年来的中国哲学》三本书中，基本理顺并阐述了他心目中的中国民族精神，诸如先天下之忧而忧，为万世开太平，或天下兴亡匹夫有责，礼教诗教之化育，等等，他尤其强调精神的主体性，希望抗战能把古今中国一脉相承的民族精神激发起来。他所谓的唯心主义，不是认识论意义上的唯心唯物，而是精神意志上的，是心灵信仰上的，他认为德国古典哲学的精华，也正是如此。

在万马齐喑的环境里，他已尽力

新京报：人不可能突变，尤其是有思考能力的人，你所谓的两个贺麟先生，只是为了更好地理解分析，第二个贺麟与第一个贺麟之间所延续未变的是什么？

高全喜：置身事外去看历史，也许你会觉得很有意味。由于中国学术走向唯物主义之路，贺麟的唯心哲学自然无法发扬延续。但对于贺麟而言，不幸中的万幸是，官方承认德国古典哲学是马克思主义哲学的来源之一，故而，黑格尔哲学是被允许翻译与研究的。所以第二个贺麟，就不再是那个欲会通中西发展新心学的贺麟，而是一个以学者身份进行黑格尔翻译与研究的贺麟了。在这样的情况下，贺麟辛勤介绍德国古典哲学，无论在翻译上还是在研究上，都达到了所处条件下所能达到的最高成就，要知道，那是一个万马齐喑的时代环境。

新京报：在当时的社会环境中，你所说的贺麟的这个"最高成就"包括哪些？

高全喜：其一是，中国现代哲学中的主要名词、概念、范畴，比如有无、对立、统一、一与多、差异、扬弃，等等，都是从贺麟翻译的黑格尔哲学中提炼出来的，成为大家所共享的专业术语，所以说，贺麟的翻译，其实就是一个学术建设的基本工程。

其二是，翻译讲究信达雅，贺麟翻译的《小逻辑》，洗练、简洁，是西学翻译的经典性作品，可以说，他把之前的哲学研究转化为翻译的痴迷，虽然他的新儒学发凡已断，他把学术之志寄于翻译之中。就像沈从文离开小说研究服饰，吴文藻离开政治学研究《红楼梦》，虽是转型，用力相齐，境界同构。

其三是，在当时的情况下，贺麟通过他的言传身教，培养了一大批西方哲学史与德国古典哲学的后辈，改革开放之后，中国哲学思想领域中的重要学者，大多受惠于贺麟先生的哲学翻译与研究。

第二个贺麟先生，是一个学者，更是一个教育者，尽管思想的锋芒消减了。

他非超凡脱俗，身后或许也有小辫子

新京报：在纪念贺麟的文章里，我们能发现大家对贺麟的印象基本都是，谦虚严谨、笃厚朴实，断非趋炎附势、曲学阿世之辈，也正是因为如此，人们对贺麟的一些言行就难以理解，比如公开赞同唯物论，批评唯心论，激烈批判胡适的思想方法，批判梁漱溟的直觉主义，以及晚年入党，被称是"历经坎坷找到光明的归宿"。

高全喜：依据现今人的想法，思想高明者似乎当固守气节，以义命自持，对权力保持明确的距离。如何看待你揭到的这些事呢？德国哲学家中，恩格斯就评价说，歌德与贝多芬相比，黑格尔与费希特相比，前者都有一个庸人的辫子。有个故事是，歌德与贝多芬在街上聊谈，恰巧一位王公经过，歌德主动让路，还向王公离去的背景鞠躬，贝多芬就不以为然。还有席勒，相比之与歌德，他是非常执著地批评王权专制的。但是，这些并不能证明歌德就比席勒差，黑格尔要不如费希特。从某种程度上说，冯友兰的辫子就很长了，贺麟非超凡脱俗之辈，对世俗权力，他没有表现出明显的抗拒，或许也有那么一段小辫子吧。

178

渡

新京报：我在贺麟的《文化与人生》里读到他1946年谈论学术的文章，他认为学术必须独立，决不能成为政治的依附物，需鞠躬尽瘁死而后已，以维护学术的独立、自由与尊严，学术是一个自主的王国。那么，你所猜测的这种服从已然存在的政权之道，与他自己表述的学术独立之间，有何关联？

高全喜：你要知道，无论是中国的传统儒家，还是德国的古典哲学家，对政权基本上都是趋于认同的。贺麟浸濡其中，在这一点上，他确实是缺乏某种思想家的抗拒意识。在《五十年来的中国哲学》一书中，他不仅写了孙中山的三民主义，还写了蒋介石的力行哲学。他曾在国民党的中央政治学校当教导长，赞同蒋介石当时鼓吹的新生活运动。蒋介石接见过他三次，毛泽东接见过他一次。贺先生对政权的态度是很传统的，很古典的。对此，我曾很有疑惑，后来随着岁月流逝我大体想通了，黑格尔有句名言，存在的就是合理的。对此可以有正反两个方面的理解。任何一个政权能够执掌天下，必然有其内在的道理，你可以不赞同其说辞，但时代精神毕竟曾经流连于此。我想贺先生认同的与其说是政权的事功，不如说是其背后的天命。

具体说到他对胡适思想的批判，我认为，一方面有政治的因素，另一方面也有学理层面的，胡适倡导的美国实用主义哲学，和德国哲学是存在差异的，在思想层面上存在争鸣的可能性。在为人为学上，贺麟都称得上中国传统的道德君子，宽厚温情、儒雅中庸，特殊时代加于人们的痛苦，他也都一一承受，从未转嫁于他人。至于你提到的这段话，可以理解为他对学术独立的想往，也体现了他对思想自由的认信，学术是学术的，政治是政治的。

新京报：50年代，贺麟曾经想帮他的老师吴宓觅得北京一个大学的教职，吴宓拒绝了。这件事情可曾触动他的某些心弦？在你与他的交往中，他是否有些许感慨？

高全喜：在我的印象中，贺麟对于吴宓是深有感情的，当时他与我们经常谈论起吴宓，回忆起清华读书时的时光，但多是他们师生如何读书写诗，以及吴宓当年追求毛彦文的痴情，很少谈及政治立场。我想，这或许是贺先生依然知晓，1949年的建国不是传统意义上的改朝换代了，共产党的革命是一场古今未有的大变化，对此，保持缄默也许是最合宜的师教。当然，他很是怀念往事，他会时常给我们看他在哈佛期间的读书笔记，甚至他少年时写的爱情诗歌。让我印象深刻的是，有一次他与我一同翻阅朱熹的摩崖石刻的拓本，一起欣赏朱熹那苍劲有力的书法，神情中充满了向往。

贺先生当时年事已高，他很少给我们按照章节讲课，更多的是带我们进入一种思想的氛围，让我们自己去感受，耳濡目染中，使我们获得做学问的底气和境界。现在来看，他基本还是一个"躲进小楼成一统"的书斋式学者。对社会剧变中的很多东西，并未有敏锐的认识。可以说，他从不抵抗什么，但在他的思想深处，终究还是闪现着作为哲人的那一处澄明。

学术思想如何赓续

新京报：台湾在上世纪60年代以文化复兴的名义编写了一套有关中国历代思想家的书，请彼时名家叙写有影响力的思想家的生平小传以及学术思想分析，书出版后，极受关注。其现代思想家一辑，最后几位是冯友兰、东方美、唐君毅、牟宗三，而贺麟并未列入。

高全喜：港台学界的评议未必就深谙近现代中国思想流变的法门。贺麟早年会通中西，首创现代儒家的新心学之义理，虽然蔚然有成，但终未开出博大精深之体系。继而后半生均致力于翻译和研究黑格尔，虽然另辟蹊径，开启了新中国黑格尔哲学研究之滥觞，但毕竟西学研究不是中国学术思想之根本。就中国思想家的视野来看，早年的贺麟新心学具有原创性，其地位远高于后来的贺麟之黑格尔研究。

新京报：你所说的两个贺麟先生，是就思想价值的底蕴有感而发的。如果整体观察贺麟一生的学术思想事业，值得后辈学人景仰的东西是哪些？

高全喜：第一，他是民国以降，中国学术界关于黑格尔翻译与研究领域中最重要的学者，时人对贺麟的认识是与黑格尔密切相关的。确实如此，贺麟翻译的黑格尔《小逻辑》，可谓现代哲学的思想启蒙，具有极大的读者群，深刻影响了几代中国人的哲学意识。经过贺麟翻译的众多哲学术语，成为中国社会有关哲学讨论与思考的"通用粮票"。有研究者说，近现代中国翻译史中，只有《小逻辑》堪与严复翻译的《天演论》相媲美。

第二，贺麟一辈子崇尚唯心论，这一点即便在思想改造之时，也没有泯灭，他所理解的唯心论，是理想的唯心论，是关于心灵与精神的哲学。他在德国古典哲学那里，在斯宾诺莎的人格中，在德意志民族精神的风范里，在中国孔孟之道的开展中，在程朱、陆王的理心之学中，在传统中国的礼教和诗教上面，发现与体认了这个理想的唯心论。所以，德国古典哲学与中国新儒学，在他那里并不隔膜，而是统一的，是宇宙之大我，是精神之表现。故而，他特别欣赏黑格尔在《精神现象学》结尾引用的席勒《友谊颂》的那句名诗："从这个精神王国的圣餐杯里，他的无限性给他翻涌出泡沫。"

第三，那就是贺麟创建的新儒学，尤其是基于新心学之脉络的新儒学。关于这一点，我前面多有提及。我认为，就现代中国的学术思想之前景来看，贺先生的思想发凡不但没有完结，而是正在孕育之中，就此来看，贺麟可谓远见卓识。

这个秉有三千年之历史的古老民族，其新生的标志，不是普世之制度之构建，而是融入普世价值的新理学，尤其是新心学。这一点，半个世纪之前，贺麟前后的那一辈学者就早已经揭示出来了。

[撰文 / 张祥龙]

在中西之间点燃思想火焰的哲人

——纪念贺麟先师诞辰一百一十周年

[理想] 认识就是超越，理解就是征服

贺麟自小曾入私塾，后入新式的小学和中学，是全校能把古文写通的两人之一。后考入清华，由中等科读到高等科，历时七年，深受梁启超、梁漱溟、吴宓等名师影响，结交张荫麟、陈铨等好友，立下为灾患深重的中华民族寻求哲理出路的宏大志向。

他在美国和德国度过了新鲜、紧张而富于思想成果的五年，在奥柏林学院、芝加哥大学、哈佛大学和柏林大学求学，学到西方丰厚的人文学术、社会科学和哲学思想，尤其对于斯宾诺莎和德国古典哲学，乃至整个唯理主义传统，深有所得。1931年回国后在北京大学任教，并在清华大学兼课，逐步形成自己的思想特征和学术方向。

自鸦片战争以来，中华民族遭遇"三千年未有"的文化危难，中国现代哲学面临的最大任务，就是将潮涌而来的西方哲学——西方的思想强权——与中国自家的古代哲理相沟通，让浸透儒释道传统的中国头脑能够真切地理解西方文明的思想神髓。

贺先生因而指出："中国近百年来的危机，根本上是一个文化的危机。"他的学术理想就是让国人"能够真正彻底、原原本本地了解并把握西洋文化。因为认识就是超越，理解就是征服……"他主张，要真正打通中西哲理，必须从"大经大法"处入手，也就是首先要领会西方哲学的正宗大统，这在他看来就是自柏拉图、亚里士多德到康德、黑格尔的西方唯理论，乃至胡塞尔开创的现象学，让它与中华的正宗，也就是儒家哲理传统相遇，在对比互激中达到相知，由此才会产生跨文化的深远哲学效应。

这实际上也是在纠正当时中国的哲学界里边的一些取巧的做法，即只抓住西方某个依傍自然科学的强势而一时流行的支流、末流，比如新实在论、实证主义（以及实证主义化的实用主义）、逻辑经验主义，大做文章，让国人误以为这就是西方哲学的正宗显学。

[求索] 自知自觉，智慧的火焰

贺先生经过长期的求索，发现西方唯理论的根基是"逻辑"之"心"，而这颗"心"既是直觉的，又是辩证发展的。所谓"逻

184

辑"，意味着达到思想的根基处，所以它首先不是指形式逻辑，也不限于辩证逻辑；这也就是说，它并不首先是概念化和形式推导化的系统，而是"精神生活的命脉，同时也是物质文明的本源"。它的具体意思是：要依据你所思考的东西的本性来思想，也就是通过"真观念"来思想。

而"真观念"，与抓住事物共同点的"普遍概念"乃至"正确观念"都不同；它不只是与其对象相符合，并在这个意义上正确；而是总能正确，而且总能自知其为正确。而要获得真观念，不能靠归纳法、抽象法、辩证法等等，只能靠直观法或直觉法。什么是直观法或直觉法？简单说来，它是直接看出真理之所在及其理由的方法，直接看出了问题的真理之所在，以及所在于斯的理由，于是在得到真理的同时，完全自知自觉它的真理性。

这"自知自觉"极其重要，因为我们在寻找最根本的哲学真理时，经常不是达不到真理，而是达到了而不真知它就是那个唯一的答案，因而做不到知行合一。儒家的《礼记·大学》开篇讲的也是这个道理。它主张，求至道的要害在于能"止于至善"，而不仅在于能得到至善，因为"知止而后有定……能虑，虑而后能得。"所以，此方法既应叫作"直观法"，还应称作"直觉法"，取其观中有觉、觉中有观之义。贺先生因此将两者通用。他相信，直观法得到的真理才是智慧的火焰，能放射出那照亮黑暗、点燃人生的灿烂光明，由此而升华一个民族的历史生存境，因为这真理正是人生、世界和民族的活的本性之所在。

贺麟赞同斯宾诺莎，认为这种直观法可以从数学转移到哲学中来，由此而给予逻辑以原本的意识自觉之心。贺先生还赞同费希特、尤其是黑格尔的主张，认为这逻辑之心要在对立统一的辩证发展中赢得自身中潜藏的全部实在和真理。而在他解释宋儒的直观法时，又通过分析朱熹的"虚心涵泳，切己体察"的读书法，影射出有一个先于显意识的意义发生境域，它让直观法可以"深沉潜思"和"优游玩索"于其中，使得"以物观物"、"豁然贯通"和"心与理（合）一"的认识和生存境界成为可能。

[学理] 会通中西，尽心知性致良知

由于发现了这个逻辑之心的直观法，贺先生得以站立于古今中西的交接点上，起到其他现代中国哲学家们起不到的作用。西方传统的唯理论，虽然看到这种直观在数学和哲学中的"起头"地位，但由于它的概念化和体系化的倾向，除了斯宾诺莎，基本上没有自觉到它是一个关键的方法，所以也就没有去深究它的运作方式和预设前提。只有到了黑格尔之后的当代西方哲学，才开始对它有了集中的关注，从不同的角度来探讨它、开发它。比如克尔凯郭尔、叔本华、尼采、柏格森、詹姆士等，都以自己的方式来运用它，甚至反省它。但只是到了开创现象学的胡塞尔，直观法才被最清楚地自觉为一个核心方法，在"还原"、"现象学的看"、"观念直观"、"内时间意识"等名目下得到层层深入的研究。

从此，现象学运动在"朝向事情本身"的直观法的致思方向上精彩叠出，主导了20世纪的欧洲大陆哲学。贺先生不仅从属于传统唯理论的斯宾诺莎那里，还从当代西方哲学家，比如克尔凯郭尔、狄尔泰、柏格森，特别是新黑格尔主义和胡塞尔的现象学那里，看到了直观法的原本和妙用，就此而言他站在了西方哲学的古今交点上。

不少现代中国哲学家（比如冯友兰先生、金岳霖先生）否认或没有意识到直觉可能是一种思想方法，因此他们讲的"理"或"道"，是无心的、特别是无直觉之心的"硬道理"。贺先生之所以能发现这种逻辑之心的直觉法，与他自小浸润于中华传统有关，特别是与他清华求学时在名师指导下，对于孟子、王阳明、戴震和焦循的研读有关。正因为有了这种"尽心而知性"的"致良知"的背景，他在西方求学时才会一遇斯宾诺莎就爱之终生，发现其中有逻辑之心的直觉法。他在《斯宾诺莎像赞》中称颂斯氏道："辨析情意，如治点线。'以直观法'，精察性理，揭示本源。知人而悯人，知天而爱天。"更重要的是，他由此发现了中华哲理、特别是宋明理学中的直觉法，在《宋儒的思想方法》这篇重要论文中作出了开创性的精深研究，既揭示陆象山、王阳明的"不读书"、"回复本心"、"致良知"的内省直觉法，又揭示了朱熹的涵泳体察的物观直觉法，并通过区分前理智的直觉、理智的分析和后理智的直觉这样三种方法和意识阶段，指出宋儒的直觉法不是理智的、科学的方法，而是一种后理智的理性方法。由此，贺先生站到了中西之间的方法论地带，以特别富于启发性的方式沟通了两者，同时也展示了直观或直觉法在双方和每一方中的丰富表现。

当贺先生讲"注重心与理一，心负荷真理，真理（直）觉于心"时，其中就充满了宋明理学与西方哲学主流见地的相互感应和震荡。看不到直觉在这里边的作用，就会将这话或当作宋明儒之常谈，或当作唯心论之旧见，而失其沟通中西、连接古典与当代的要害和新意。贺先生一生致思风格，全系于此。

[澄明] 劫后余生自得悠然

1949年之后，由于"唯心论"成了负面的东西，贺先生的学术活动就以翻译和解释黑格尔、斯宾诺莎等西方哲学家的著作为主了。我与贺先生的师生缘分，就是从读他的斯宾诺莎《伦理学》译本开始的。

那是70年代中期，我身负"政治错误"的重压，前途迷茫，因为某个机缘来到他老人家的书房，寻求那还看不到的希望。他刚从干校被放回，书房门上也刚刚撕去了自"文革"开始就贴上的封条。我面对他那双慈祥睿智的眼睛，说了困惑和愿望，先生就让我自己在书架上找一本书先读起来。我选中了《伦理学》，因为它一开篇就讲"自因"、"实体"、"神"这样的我不懂却很想懂的东西，还因为它是贺先生翻译的。

从此，劳累过后，便在农舍小屋中读这本还夹着一些繁体字的书。初读这样地地道道的西方哲学原著，令我举步维艰。几个月中，我数次携书去贺先生家请教。他每次见我，都显得很高兴；待我说完不懂之处，便为我讲解。有时是逐词逐条地讲，有时则是引开来讲，从斯氏的身世、信仰、人品，谈到他与其他人（比如莱布尼兹、笛卡尔）的关系，他对后人（比如莱辛、歌德、黑格尔）的影响，以及这种"泛神论"与中国哲理的关系，他本人学习斯宾诺莎的经历和体会。说到会心之处，那笑容就如孩子一般灿然纯真；讲到动情之际，那头上的软帽也要偏到一边。

我有时真听到心中发热，脊背发冷，想不到人生里居然有这样一番天地。每次请教回来，再读此书，就觉得近了一层。这样反复揣摩，反复对比，终得渐渐入境，与贺先生的谈话也更加生动了。我们一老一少，不管外边"阶级斗争"、"批林批孔"的氛围，就在这书房里忘情地对谈，由他领着畅游那个使神、自然、理性、情感贯通一气的世界，对我来讲实在是太珍贵、太美好了。我的心灵，从情感到思想和信念，得到极大的净化、提升、滋润，整个人生由此而得一新方向。

他与我的谈话中，几乎从不提这些那时颇有政治含义的学术大名词，只是讲思路、讲人格、讲精神境界。我真真切切地感到，他是在不顾其他一切地倾诉他最心爱的东西，滚滚滔滔，不可遏制。我后来回忆这段缘分，省思到，贺先生的思想其实并没有屈从什么"思想改造"，在它的深处，依然是原发的思想，是对那能放射出光明和温暖的真理之火的热烈追求。有好几回，他忘了别的事情。

比如有一次他与师母约好在外边请人吃饭，结果完全忘掉。当我们谈意正浓时，师母懊恼而归，让我极感歉意。

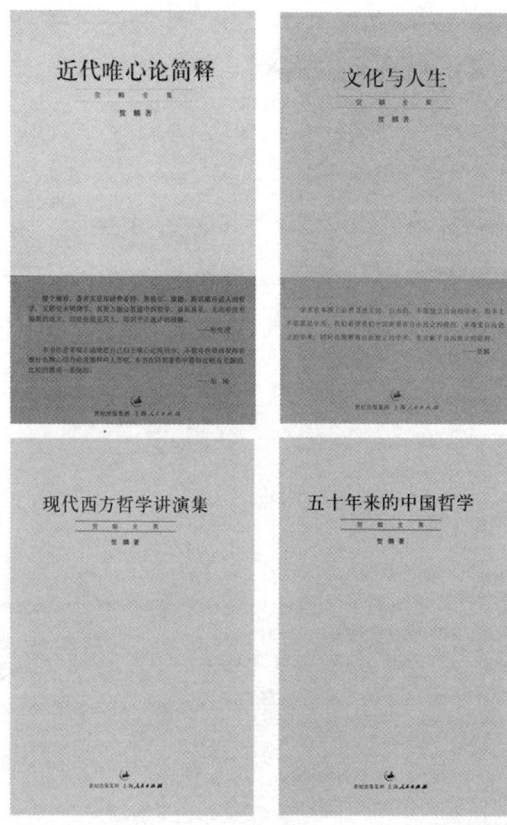

敬畏民意

俞可平，中央编译局副局长，教授，哲学、政治学双学科博士生导师，《民主是个好东西》的作者。最近，俞可平出版新作《敬畏民意》，延续他一贯的思考主题，话题集中于中国的民主制度和政治改革。难得的是，面对这些关乎中国现实的重要问题时，俞可平没有板起面孔，而是"把一些比较深的东西用浅显的语言说出来"。其实关于这一点，从"民主是个好东西"到"敬畏民意"，这些直白的书名已经有所体现。

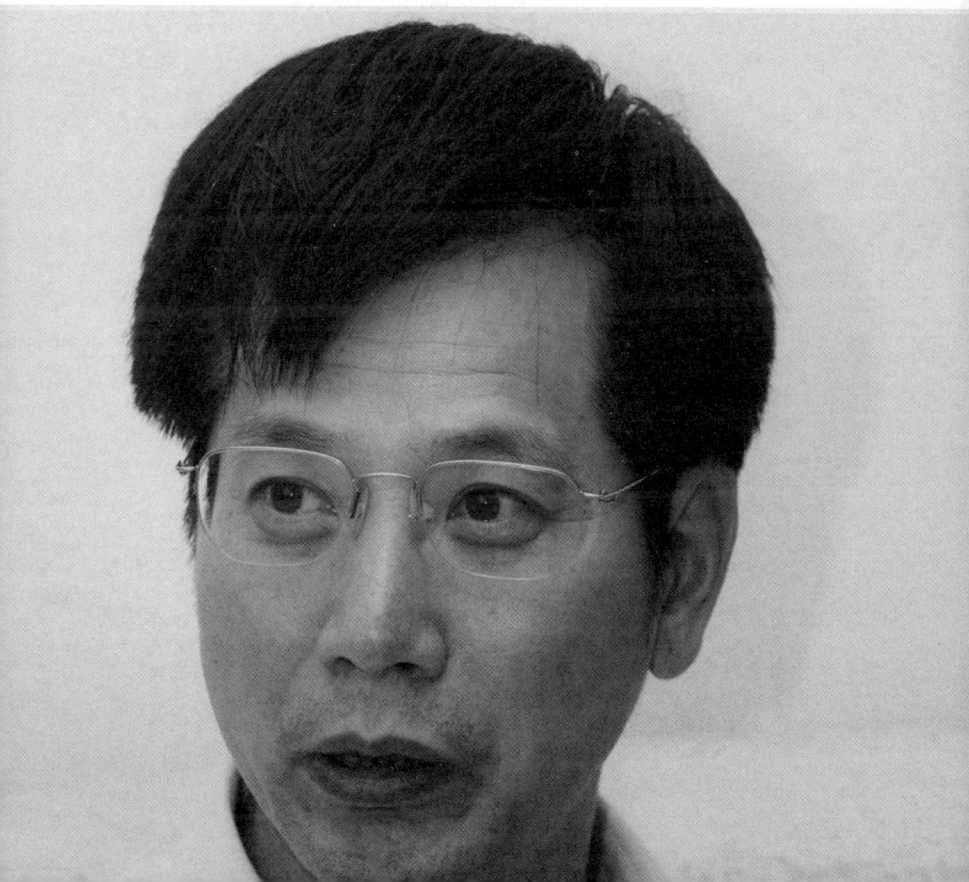

[采写 / 新京报记者 / 朱桂英]

敬畏民意：发自内心，更要付诸行动

相信中国，相信民主是个好东西

> 民主作为一种普遍的人类价值，主要不是发展的手段，而是发展的目标。以人的自由、平等、尊严为核心的民主政治本身就是一种基本价值，正像福利是一种基本价值一样。
>
> ——《全球化与"中国模式"》，第53页

新京报：在影响广泛的《民主是个好东西》以后，你又相继发表了《让民主造福中国》和《思想解放与政治进步》等关注"尘世学问"的著作，现在又出版了《敬畏民意》，孜孜不倦地致力于推进中国的民主政治。但仍然有一些学者提出截然不同的观点，例

如，有人主张中国"要法治"而不要民主；有人建议"要自由"而不要民主；有人认为"不能简单说，民主是个好东西"；有人用菲律宾等东南亚国家民主的"乱"，新加坡威权制度的"好"，以及中东的最新例子，来论证民主不是个好东西。你怎么看待这些观点？

俞可平：这毫不奇怪，这个世界从来都不缺反对民主的人。有些人是故意的，有些人是盲从的；有些人是直接的，但更多是间接的。我最不想看到的是，那些并没有真正清楚民主的意义、同时自己的民主权利也远没有充分实现的人，也跟着一些人反对和质疑民主，这有点像俗话说的"被人卖了还帮人数钱"。

其实，我从来没说过民主是十全十美的和无所不能的，我只是说在人类迄今发明的政治制度中，相对来说民主是最好的一种。同时，我始终认为，民主与法治是一个硬币的两面，不可分离。在我看来，说"要自由而不要民主"，就像说"要自由贸易而不要市场经济"一样不得要领。

有些人批评说，不能简单地说"民主是个好东西"，只能说"好民主才是好东西"。这正如讲，你不能说"人是要吃饭的"，而只能说"正常的人是要吃饭的"一样。因为人在不正常状态下，可能不要吃饭，例如急救中的重病人。按照这种逻辑，我们都不能正常说话了。

一种制度的好坏，归根结底只有本国人民才有发言权。我倡导的是"增量民主"，即发展民主的着眼点是不断增加人民群众现实的政治权益。如果民主的结果是法治破坏，社会动荡，那就只会损害人民的政治权益。这样的"民主"，从来不是我倡导的民主。决不能简单地拿其他国家的情况来与中国进行类比。

我们不仅要有对民主的信心，也要有对我们党和人民的信心。正如当年毛主席所说，"我们要相信党，相信群众"，相信我们一定能够找到一条合适的民主发展道路，不断增大广大人民群众的政治权益。

通畅民意渠道，拓展表达空间

> 我深信，会有更多的民众珍惜权利，会有更多的学者怀抱理想，会有更多的官员敬畏民意。民意所向，即如潮流所趋。"青山遮不住，毕竟东流去"，信然！
> 如果大多数公民的合法权益得不到有效的保护，人民就有权收回委托给执政者的权力。能否从制度上保证民意的向背成为执政者权力去留的决定性因素。
>
> ——《敬畏民意》，第3—5页

新京报：可不可以这样理解，敬畏民意，首先须洞观时局，默验舆情，即知"民意"，知而后敬，知而后畏？

俞可平：敬畏民意，当然不能只停留于口号。如果那样，就谈不上"敬畏民意"，而是"糊弄民意"。敬畏是发自内心的，而且要付诸行动。确实如你所说，敬畏民意首先就要了解民意。不知民意，连"为民做主"都做不到，更何谈"人民当家作主"？要了解民意，首先需要让民意能够得以充分表达。

改革开放之前的中国社会，基本处于铁板一块的状态，社会政治、经济、文化等高度一体化，利益单一化，声音也只有一个。改革开放这么多年，社会已经发生结构性分化，原先的单一性社会已经转变为多样性社会。不同的利益群体已经形成，而不同的利益群体，必然有不同的需求。虽然党和政府一直在拓展民意表达渠道，但远远跟不上民意多样性表达的现实需要。让不同的声音表达出来，疏通并扩大民意表达渠道，对于推进中国的政治进步尤其重要。

新京报：但当下中国，民意的表达空间以及表达途径，并非全然自由通畅，如何才能使"敬畏民意"不停留于口号与呐喊？

俞可平：制度性的民意表达受阻，已使中国出现了一些不正常的社会现象。比如，中国的网民，是一个特殊的群体。国外的网民，通常的议题是谈情说爱，风花雪月，吃喝玩乐，中国的网民则高度关注政治。这么多网民在虚拟空间中谈论政治，是因为现实社会中缺乏制度性的参与渠道。因为没有足够的制度化渠道来表达其观点，所以网络变成了政治言论的表达阵地。

你看，这些年中影响广泛的政治事件，多半是在网上产生的。网民参政议政，成为中国公民社会的重要特色。此外，令各级政府十分头疼的民众上访，数量和规模也一直居高不下，群体性上访事件层出不穷，主要原因也是制度性利益表达受阻。只要百姓有冤无处诉，有求无处应，即使你不让他"游行"，他也可能上街"散步"；你不让他"示威"，他也可能到机关去"喝茶"。如果民意是通过"非正常的"渠道和形式得以表达的，那难免这些表达的"非理性"。

利益多元化，诉求多元化，而没有相应的表达渠道，那么，民意被阻滞、被扭曲，直至"被代表"，都在所难免。解决这一问题，需要制度性改革，这是一个比较紧迫的任务。已有的制度性利益表达渠道，须与时俱进，加以改善；更重要的是增加新的渠道，拓展言论表达的空间。特别是要营造一个良好的宏观制度环境，让各个利益群体都有通畅的渠道，最大限度地自由表达其意见和诉求。从本质上说，民意表达不仅事关不同群体的利益诉求，更事关公民的言论自由权利。

公民参与是民主的实质性要素

公民参与是民主治理的基础，公民参与程度愈高，民主治理的程度也就愈高。衡量中国公民参与状况的最重要环节有两个，即民主选举和协商民主。前者关系到政府官员是否代表人民，后者关系到政府决策是否充分体现民意。

——《中国治理评估框架》，第200页

新京报：你提倡"官民共治"的社会治理模式，这种治理模式是需要建立在官方与民间的良性对话互动之上的。现实中，有时官方与民间很难实践对话互动。

俞可平：这几年来，我们有一个非常忧虑的现象，就是公民对政府的信任程度，并没有像我们所预想的那样，随着人们生活水平的改善而增加。有时甚至相反，民生改进了，但人民对政府的满意度反而下降了。前两天发布的《中国道德伦理报告》称，"伦理道德方面最不满意的群体"，政府官员以74.8%位居第一，接下来是演艺娱乐界48.6%、企业家群体33.7%。政府官员已经成为令民众最不满意的群体，而且居然位居不满意群体之首！

这使得我们去反思，为何政府做了那么多对改善民生很有意义的事情，而人民却没有对政府更满意。不久前我去南方一个城市作调研，就有官员跟我说："我不明白，我从早上鸡叫干到晚上鬼叫，这么辛辛苦苦，老百姓却对我们愈加不满意了？老百姓的生活水平越来越高了，怎么还一直在骂娘？"我就告诉他："人不是一般的动物，有多种需求。在满足一般的物质需求之后，就会产生参与的需求，想要有发言权，要获得尊严公平。后面这些需求，仅发展经济是满足不了的。要靠社会领域和政治领域的改革，尤其是民主法治的推进。"

新京报：消除这样的隔阂，增进官民之间的相互信任，具体可以有怎样的制度性解决方式？

俞可平：民众对官员的不信任，除了官员自身的诚信遭遇危机之外，也说明我们在选举、对话、协商、参与等民主政治的重要环节还存在很多不完善之处，这是民主建设滞后的结果。

过去人们没有这么多的民主需求，而现在公众的政治需求越来越大。如果没有相应的制度参与平台，民众就会觉得自己的权利没有受到尊重，即使物质生活水平提高了，同样也会产生对政府的不信任。

所以，要增进官民之间的相互信任，除了政府要有诚信和官员要讲真话等执政道德建设之外，从根本上说，还是要推进民主法治建设，特别是推进中央一直倡导的民主选举、民主参与、民主管理和民主监督。这四个环节缺一不可，其中民主选举和民主参与尤其重要。

很多人片面理解，以为民主就是选举，其实，选举主要解决授权的问题。授权之后的决策环节，民主过程就体现为公众参与和协商对话，政府要听取公民的意见，要与公民协商对话。这种民主参与，也同样极其重要。

这几年，我们在这方面有许多重要的进展，比如政策听证会、民主恳谈和决策咨询等，但还做得远远不够。政府在作重大决策的时候，听取利益相关方的意见，既可以使决策更加科学，更可以增强官民之间的相互信任。

公民参与是民主政治的实质性要素，像民主选举一样，意义十分重大。公民参与的过程，是增进官民相互信任的过程，也是官民合作治理的过程，还是提高公民自身参政能力的过程。

权力是一种公共责任

> 谁产生权力，权力就对谁负责，这是政治学的公理。是上级领导给了我权力，我当然首先就对上级领导负责；是百姓给了我权力，我首先对老百姓负责。如果民意在干部心中的分量重了，干部就会想方设法增加老百姓的利益，通过增加老百姓的利益获得选民的支持。
> ——《好的地方改革应上升为国家制度》，第234页

新京报：理性地认识、理解权力，是现代社会政治生活的一个基础。但是中国有很浓重的官本位思想，迷信权力。有些人对社会腐败大加挞伐，却又对不正常的物质利益有所艳羡。

俞可平：我写《敬畏民意》，就是希望这些基本常识能被更多人知道。这些常识能为整个社会所共享，这对政府、对人民都是有好处的。

现在不少官员和民众，对权力本身的理解是狭隘的和错误的。以为权力就是去捞好处，谋利益。在民主政治条件下，权力是一种

公共责任，它给政治精英提供公共服务的平台。即使从个人的角度看，如果境界高一点，体会到人活着，根本的追求不是物质利益，而是精神上的愉悦，就会以更加理性的态度来看待权力。

新京报：你觉得，关于民权的现代政治哲学的基本常识，怎样才能深入人心，为社会所共享？

俞可平：要使"权为民所赋"、"权为民所用"和"权为民所有"等现代民主政治的基本常识深入人心，有三个方面的工作要做。

一是努力清除传统的封建专制政治文化的余毒，这种余毒还大量存在，其影响作用不可轻视。像"升官发财"、"任人唯亲"、"个人专断"、"人身依附"、"等级特权"等，都是传统政治的糟粕。二是强化现代的民主法治教育，在学校政治课中加大公民知识和民主法治知识的内容，党校对干部的培训也应当将民主法治教育当作重点。三是完善民主制度，通过民主的实践去塑造官员和民众的素质和人格。

看看许多腐败官员的所做所想，会使人十分悲观。但我还是相对乐观的，因为我看到年轻一代在这方面的进步。在总结新中国60年的政治发展经验时，我对《人民日报》记者曾经说过，60年最深刻的政治进步是以自由、平等、正义、人权等为核心内容的新型政治文化的形成。

像我们这一代人，政治评价更多倾向于传统式的思维，总是拿现在与过去比，觉得现在的政治生活比过去不知好多少。但年轻一代就不是这样，他们的政治评价更加倾向于独立自主，总会拿中国与发达国家相比，觉得我们在哪些方面还不如人家，从而对现实提出种种批评。举个例子，一个人若因冤案入狱，出来之后，年龄大的人会首先感谢党感谢国家为其平反冤假错案；而年轻人出来后首先想到的可能是向政府索赔。这就是民主的进步。

中国应有自己的权力制约模式

> 谁产生权力，权力就对谁负责，这是政治学的公理。是上级领导给了我权力，我当然首先就对上级领导负责；是百姓给了我权力，我首先对老百姓负责。如果民意在干部心中的分量重了，干部就会想方设法增加老百姓的利益，通过增加老百姓的利益获得选民的支持。
> ——《好的地方改革应上升为国家制度》 第234页

新京报：权力的限制，也是衡量一个国家政治进步的标志之一。政治哲学家格伦·廷德在《政治思考》一书中写道，探讨权力的适当限制和如何能够实施这些限制，就是关切生活怎样能够过得正当而文明。你觉得中国在这方面需作怎样的反思？

俞可平：探讨权力制衡，是政治学家的基本课题。阿克顿勋爵的名言说："绝对的权力导致绝对的腐败。"权力必须制衡，是政治学的公理。权力制衡，从国家方面说，就是行政权、立法权、司法权相互制衡。从政府方面说，就是决策权、执行权、监督权之间相互制衡。每个国家和政府都必然如此，中国也不例外。

我们不搬用西方的制度，没有像西方国家那样实现三权分立，但中国应该有自己的权力制约方式，探索中国特色的权力制约模式，这是当务之急。我们在这方面付出的代价相当大。近年来，党和国家采取了比较严厉的手段惩治贪官，每年都有这么多的贪官被抓被杀，但腐败形势依然严峻。

有些位置上，官员的权力太大了，例如第一把手，很容易导致腐败。我从来不认为这是因为贪官天性就坏，不认为是我们的民族本性好贪，从根本上说，还是因为制度环境使然。尤其是在官员的选拔、权力的制衡和监督方面，我们的制度急需改革完善。

新京报：贪官现象，是中国在权力制衡层面不够完善的表征。在现阶段政治体制改革过程中，中国在"限权"方面可以有怎样的创新？

俞可平：在《让民主造福中国》那本访谈录中，我曾经专门就此问题发表过长篇访谈"反腐亟须突破"。我痛恨官员的腐败，但更担忧官员的特权，因为那是"合法的"腐败。

我的看法是，我们需要同时从三个方面着手，才能有效遏制严重的腐败和特权：首先是实行民主选举，选好官；其次是分权制衡，避免过分的个人集权；最后是民主监督，让权力在阳光下运行。其实，官员本身的素质、权力的分工制约和对权力的监督，这三者对于官员的廉洁同等重要。

如果从三个方面进行制度创新，严重的腐败是完全可以得以遏制的。在反腐倡廉方面，党中央十分重视，我们相继出台了100多个党内廉政法规，总计有2000多条规定，但效果并不理想。

原因何在？目前我们把主要的注意力放在了权力的监督上，却严重忽视了民主选举和分权制衡。我们应当在选官和制衡这两个方面加大改革创新的力度，但大家似乎还没有意识到这一点。因而，在这个问题上，我还是忧心忡忡。

倡导"官民共治"

> 善治是公共利益最大化的管理过程。善治的本质特征，就在于它是政府与公民对公共生活的合作管理，是政治国家与公民社会的一种新颖关系，是两者的最佳状态。
>
> ——《善治与合法性》，第185页

新京报：有学者认为，现代中国一直处于"强国家，弱社会"的状态中，国家对社会的控制力度较强，而民间社会一直未能得到健康发展。你怎么看待这一观点？

俞可平：我国传统上一直采用"强国家"的模式。但是，在传统中国，即使在国家很强大的前提下，民间社会的力量也是很大的。有句话叫"皇权不下县"，在传统中国，县以下不设政府机构，靠乡绅等地方精英来统治。虽然这样的民间社会，与我们现在所说的公民社会是两个概念，但在我国的传统政治状态下，"强国家"下还有相当大的社会自治空间。

进入现代社会之后，特别是改革开放后，我们引入了市场经济，在此基础上推进民主法治。这就必然产生一个结果，就是社会结构的分化。所以我说，改革开放以来，导致最重要的变化，就是社会结构的分化，以及不同的社会利益群体的形成，形成了新的社会格局。

过去，社会和国家是同构的，政治与经济也是一体的，现在则已经形成了三个系统：以政府官员为代表，以政府组织为基础的国家系统；以企业家为代表，以企业组织为基础的市场系统；以公民为代表，以民间组织为基础的公民社会系统。

按照社会发展的规律来讲，随着市场经济和民主政治的发展，公民社会系统会越来越强大，政府要日益还权于社会，将更多的公共事务交给社会去管理，社会自治变得日益重要。人类的政治理想也逐渐从"善政"走向"善治"，即从"好的政府"转变为"好的治理"。

这种社会发展的规律，纵有天大的"中国特色"也不会改变。这就要求我们积极扶持各类社会组织或民间组织，培育一个健康的公民社会，使它们成为政府的合作伙伴，共同担负起公共治理的责任。这也就是我所倡导的"官民共治"。

新京报：新的社会格局形成之后，没有健康的社会自治，会阻碍而导致国家（政府）在探索、构建良性社会秩序的过程中，举步维艰。而健康的公民社会，需要制度环境的支持。你认为现在我们国家与社会的关系，应作怎样的调整？

俞可平：令人高兴的是，党和国家最近这些年日益重视发挥社会组织的建设性作用，"社会协同、公众参与"成为社会管理创新的重要方针。最近，温家宝总理在全国民政工作会议上明确指出，要准确把握社会发展的趋势，构建政府管理与社会自治相结合、政府主导与社会参与相结合的社会管理和公共服务体制，最大限度地调动各方面的积极性，激发社会活力。

这实际上为建构一种新型的国家—社会关系指明了根本方向，这种新型的关系就是合作伙伴关系，就是政府与民众对公共事务的合作管理。

说到这里，我想澄清一个观点。前不久有媒体报道中国的社会组织管理体制，引述我的一个说法，即目前正式登记注册的民间组织总共有45万个，而实际存在的可能超过300万个。这个数据是我的多数同行广泛调查后得出的数据，基本是可信的。但编辑记者在引述时，得出了一个不准确的推论：近九成社会组织处于"非法状态"。

我要指出的是，没有在民政部门登记注册，并不意味着"非法"。许多社会组织是按照中央文件或地方政府政策成立的，例如农村的专业合作社等，不能说它们是"非法的"。应当说，真正"非法的"社会组织还是极少数。

不过，迄今为止，我们对社会组织还是以管制为主，而不是以服务为主，更缺少一种宏观制度环境，鼓励和保障在政治国家和公民社会之间建立建设性的合作伙伴关系。正在修订的社会组织登记管理法规，不仅要着眼于放松对社会组织的管制，提供必要的政策和财政支持，还应当有一种致力于建构国家与社会的合作伙伴关系的长远战略。

民主政治造就独立自主的公民

……媒体也好、官员也好，知识分子也好，首先要有常识，讲话、发表看法不能没有常识，没有底线。第二，要有责任感，所说所做不仅要对自己负责，也要对国家负责。第三，应该宽容，不要总觉得自己是真理的化身，观点不同很正常。

——《民主法治要有突破性的发展》，第227页

新京报：你在很多文章中都提到"扩大公民参与"，除了必要的制度环境外，公民自身的素质也极其重要。那么，在当下的社会现实中，你认为好公民应该是怎样的？公民素质的养成，需要怎样

孟子

亚里士多德

约翰·洛克

约翰·穆勒

亚历山大·汉密尔顿

阿克顿勋爵

托克维尔

萨缪尔·亨廷顿

马克斯·韦伯

[新京报制图 / 师春雷]

的训练？

俞可平：公民参与既需要公民自身具备必要的素质，但更需要合适的制度环境。现在有些人以公民素质不高来反对推动民主政治，这是完全不对的。这种观点本末倒置了。政治制度与国民素质的关系，是相辅相成的，但从根本上说，是政治制度决定公民素质，而不是相反。

唯物史观认为，社会存在决定社会意识，国家制度是社会存在，公民素质属于社会意识。马克思明确说过，专制制度扭曲人性，说的就是制度决定性地影响着公民的素质。民主政治给人以更加自由的空间，是最契合人性的政治制度，它有利于提高公民的素质。民主政治造就独立自主的公民，培育公民的主人翁精神；专制政治造就盲目依附的臣民，培育人的奴性人格。

另一方面，公民素质确实也是民主政治的一个基础性条件。高度的民主，需要公民有现代的民主法治意识。从这个意义说，培育公民的权利和责任意识，提高公民的综合素质，对推进民主法治极为重要。

公民素质的提高，总体而言有两个途径，一个途径是学校教育，另一个是社会实践。在学校教育方面，我们应当强化公民教育的内容，培育公民意识，特别是权利与责任意识。在社会实践方面，应当努力扩大公民参与的渠道，创造更多的公共参与机会，让公民在政治参与过程中强化公民意识，提高公民素质。

敬畏民意

中国的民主治理与政治改革

Democratic Governance and Political Reform in China

俞可平 著

12 熊培云

村庄

江西有2000多年的小农经济传统，作为程朱理学的发祥地，人文与物理要素决定了这里的乡村样本十分中国，并具有典型性。这也成为熊培云面朝广袤中国乡土进行深思，开启对小堡村田野调查式的写作的立足点。

[新京报插画 / 林军明]

[采写 / 新京报记者 / 刘雅婧]

熊培云：中国式乡村的沦陷与重建

[落地之书] 从乡村理解社会和历史

新京报：从《重新发现社会》到《一个村庄里的中国》，思想内核一致。变化之处在哪里？

熊培云：二者都是我们对历史和当下的反思和探索。前一本是从社会文化心理，探讨人应该怎么面对自己的国家和社会，如何盘活自己的自由。观念的东西比较多，而乡村是一本落地的书，很具体。这次写作对我来说像是寻根，重新梳理我自己乃至一个国家100年的记忆。我调查都是在本乡本土，有时间跨度和空间感，涉及历史、政治、国家与社会等深层领域，乡村是一个很好的入口。这件事对我来说，是非做不可的。

《新京报》：现在的乡村正在发生什么变化？

熊培云：精神上的乡村在消逝，物理上的乡村变得面目全非。我记得村头的古树，像个很具体的象征物在那里，很温馨，它见证着乡村的消逝。但是工业文明入侵后，它迅速消失了。

现在江西的发展也遇到问题，我一开始在写这本书的初期，没有考虑污染的问题，后来越来越担心污染对当地的影响。农村普遍没有垃圾回收站，欠缺环保意识，农民自己造成的所谓污染还是小事，往往是企业和国家项目带来的污染很大。农民在危害面前很弱势，不像城市公民有更多的自我保护意识。

[乡村失范] **狂飙突进的新农村建设**

新京报：和小堡村作为南中国的一个样本相似，何伟在《寻路中国》中也选取了一个样本，三岔村，作为北方乡村的代表，也面临着它待突破的困局。就沦陷而言，南北是否并无差异？

熊培云：比如在江西的赣北和赣中平原，山势起伏，水源充沛，土地适宜种植，两千多年的小农经济催生的传统文化影响深刻，农村也有历史沉积，人们多不愿迁移，而华北平原自然条件艰难一些，需要找田地和水源，人们为了求生，会经常迁移。所以对

熊培云记录的小堡村影像，从宗谱到庙会，传统似乎还有延续，但其实一切都已经变得不一样了。

迁移本身看法不同。

相同的困局是有的，一方面乡村旧有的好东西留不下来，新的生活方式又没有建立起来，这就可能产生沦陷之感，包括环境的污染问题。人口外流，土地荒芜，河里长满草，遍地是垃圾。古宅被卖，古树被迁移，城里的现代资本和现代文明进入乡村，不是参与建设，而是侵犯，把好东西带走。这种沦陷感是贯穿了历史的。一百年来，乡村的财力物力人力，不断向城市流动，却不回流。留下来的人素质越来越低。我在书里提出了一个鱼篓效应，鱼篓是捕鱼的工具。鱼进入篓子后，再也出不来，篓子像城市，把乡村好的东西吸进去，一去不返。

《新京报》：你在书中也提到，乡村消费主义的盛行导致了一种新的乡村失范。过去一些朴素的伦理道德丢失的原因可能是什么？

熊培云：现在的乡村多了一个现象，谁来帮个什么忙可能都要算价钱。有些人开始专业地做事和干农活。而在过去的集体主义条件下，大家互相帮助，算得反而不是很清楚。这是社会学上说的熟人社会陌生化。一方面，它有正面意义，是社会在乡村的分工细化，大家更注重契约精神了；另一方面，质朴的精神遗失了，这就是我们说的要市场经济而不是市场社会。改善自己的生活无可厚非，但不能什么都变成买卖，人的交往不能用金钱来衡量。现在的农村建设有些狂飙突进的意思，这就是根源。推土机文化影响了中国的一切，不管是建设还是别的。

《新京报》：但是，从书中可看出，你并不那么悲观。乡村的发展会经历短暂的不适应状态，新的秩序还是会缓慢建立起来。

熊培云：这里面有个矛盾的地方，其实，即使没有新农村建设，农民也会向外跑。赚钱回家盖房子，带来新观念。一方面是延续十年前的思路，乡村真的是处于不设防、越来越萧条的状态。另一方面，这几年为了写书，我不断回到乡村，我原本以为它们会消失，但是现在发现它一直存在，并艰难地自我更新着。

一个好的变化是农民不再那么辛苦，他们使用机器收割播种。社会分工也越来越细，出现了一批专业收割稻子的。另一方面，种地成本越来越高，有些人干脆不种地，造成了农村土地的抛荒，或者有的人去城里做季节工，一年做几个月，又回到乡下，拿钱回家盖房子，支持孩子读书。这些回乡的新农民改良了农村的人口结构。城市给他们的教益，会让他们更在乎教育和生活质量。

[重建乡村] **民间社会与就地城市化**

《新京报》：怎样调和乡村和城市发展之间的这种矛盾？

熊培云：这就如我在书中提到的，和法国上世纪七八十年代的对比，在法国的"辉煌30年"，也出现了农民大量进城，相比来说，中国农民进城比例远远不够，2002年的一个数量统计，法国的农业人口是5%，而中国农民现在还有70%之多。另一方面，城市化问题也是要注意的，优势资源过于向城市倾斜。就地城市化，县城可以消化大量农村人口，建立得好，大家没必要增加交通成本，出去打工。背井离乡，抛妻别子，还造成家庭分裂。

就地城市化是个非常好的出路。那么多年因为户籍制度农民进城很难，城里人想去乡下却很容易。如果农村的土地市场放开了，承认农民对土地的所有权，比如打造农村的宅基地市场，这是可以盘活的，城里人到农村，用宅基地盖房子住。他收入高，教育程度好，能把好的东西带给乡下。所谓的见世面未必要到城里来见世面。生活好，请农民照顾孩子，打扫卫生。国家政策需要改，如果要缓解城市拥挤的状况，要打开城市也要打开乡村，这个局面是可以改变的。

《新京报》：这是个美好的愿景还是确实正在发生的事情？

熊培云：乡村也在成长，原来乡村给人恶劣和贫穷落后的印象，完全是工作的一个场所。农村也是生活的场所，是"慢"精神的象征，是国家的根源。书中，我写到储安平讲英国的感受："英国即乡村，乡村即英国。"现在的法、英、美等国，现代化、城市化发展得特别好，但是同样没有丢掉乡村。城市人和乡村生活并不是脱节的。在国内，厌倦了城里生活的人去乡村居住，其实也把农村盘活了，这样比送文化下乡或喊口号说建设新农村更管用。

现在的乡村没有以前那么闭塞。很多地方通了水泥路，村里可以接宽带互联网，自由职业者在乡村工作，不影响工作。我就看到很多农民从广州买家具，通过互联网和物流，很便利。这是方向性的、做加法的过程。当然，如果医疗、教育和基础设施方面得不到很好的保证，政府的医疗投入不能保证对乡村的公平性，乡村的重建会艰难很多。

在民国时，梁漱溟、晏阳初这些民间人士在搞农村建设，当时的国民政府也在做。江西是当时的重点省，需要被建设为"模范省"。虽然后来的"乡建"失败了，但是我们可以继承前人的精神，从民间社会开始做。现在我们建立乡村图书馆，鼓励大家书写乡村历史，梳理记忆，更多的记录方法还在寻找的过程中。

220

一个村庄里的中国
My village，My Country

熊培云
Xiong Peiyun

新星出版社 NEW STAR PRESS

13 金克木

轻与重

金克木是举世罕见的奇才,靠自学精通梵语、巴利语、印地语、乌尔都语、世界语、英语、法语、德语等多种语言文字。但如此奇才,却并不高高站于云端,倒是总能与最普通的读者交流思想,分享心得。在《读书》杂志最具影响力的年月,这位80岁的老人是发表文章最多的一个,所以陈平原称他为"《读书》时代的精灵"。不过对于大多数读者来说,最熟悉的大概只是他的文化散文,对于其他,却未必了解了。我们撷取老人生命中的若干侧影,不求全面展现金克木的文化成就,只希望能由此抓住老人若干思想余绪……

[新京报制图 / 林军明]

[采写 / 新京报记者 / 张弘]

[金克木外传]

故事里的大师侧影，精灵般的思想轨迹

|偷师| 燕园四老，小学毕业

关于金克木，流传最广的当然是陈平原那个标签"《读书》时代的精灵"。而在陈平原的回忆文章之前，人们提起金克木，最习惯的称呼是"燕园四老"之一，另外三位是季羡林、张中行和邓广铭。不过虽然名列四老，金克木的学历可不怎么样，他只上过一年中学，论文凭不过是小学毕业而已。

小学生能成为一代大家，自然是奇才。不过在金克木自己那里，更看重的不是所谓才能，而是自学的精神与动力———好奇心会驱动一个人自然而然去探求知识，探索世界。且看他是怎么利用北大图书馆的———那时候他的运气好，正好在北大图书馆当馆员。

"这里大多是文科、法科的书，来借书的也是文科和法科的居多。他们借的书我大致都还能看看。这样借书条成为索引，借书人和书库中人成为导师，我便白天在借书台和书库之间生活，晚上再仔细读读借回去的书。" "借书的老主顾多是些四年级写毕业论文的，他们借书有方向性。还有低年级的，他们借的往往是教师指定或介绍的参考书。其他临时客户看来纷乱，也有条理可寻。渐渐，他们指引我门路。"

"这些读书导师对我影响很大，若不是有人借过像《艺海珠尘》（文艺丛书）、《海昌二妙集》（围棋谱）这类书，我未必会去翻看，外文书也是同样。有一位来借关于绘制地图的德文书。我向他请教，才知道了画地图有种种投影法，经纬度弧线怎样画出来的。又有一次，来了一位数学系的学生，借关于历法的外文书。他在等书时见我好像对那些书有兴趣，便告诉我，他听历史系一位教授讲'历学'课，想自己找几本书看。他还开了几部不需要很深数学知识也能看懂内容的中文和外文书名给我。他这样热心，使我很感激。"

金克木还特别谈到，一位从几十里外步行赶到北大图书馆来的鼎鼎大名的教授，"他夹着布包，手拿一张纸往借书台上一放，一言不发。我接过一看，是些古书名，后面写着为校注某书需要，请某馆第准予借出。借的全是善本、珍本。由于外借需有馆长批准，而馆长那天又刚好不在，这位老先生又一言不发地离去了。待这位客人走后，我连忙抓张废纸，把进出书库时硬记下来的书名默写出来，以后有了空隙，便照单到善本书库中一一查看。经过亲见原书，又得到书库中人指点，我增加了一点对古书和版本的常识。我真感谢这位我久仰大名的教授。他不远几十里从城外来给我用一张书单上了一次无言之课。当然他对我这个土头土脑的毛孩子不屑一顾，而且不会想到有人偷他的学问。"

［通人］ 哪里都有"发现的快乐"

金克木的专业是东方语言，北大东语系，他是初创者之一。而专业之外，文学、历史、翻译等等，都算是他的爱好。他写诗，写小说，都相当有成就，而最不一般的是对天文学的研究。

早年金克木对于天文学有特别的兴趣，不仅翻译过英国天文学家秦斯的《流转的星辰》，以及《通俗天文学》等著作，还发表过天文学的专业文章。文理兼通，本来是老一代文化人的通例，算是如今已然失落的传统之一。不过金克木却尤为不同，他不但兼通，而且兼精，这也就给他的思考带来更多天马行空的色彩。老人晚年的文章能如此吸引读者，这大概是原因之一。早些年，人们回忆起去金克木府上拜望的情景，总对他天马行空无所不知的博学与思维惊叹不已，说起来，他年轻时还差点真的就干上了天文这行当，把他拉回文学的，是戴望舒。

上世纪30年代，著名诗人戴望舒非常欣赏金克木的文学作品，他写了一首《赠克木》，让他在星辰天空之外，更多看看人间，算是帮金克木确定了人生的选择。不过放弃天文学爱好后，金克木颇有遗憾，他曾在一篇随笔中感叹，"离地下越来越近，离天上越来越远。"

除了天文学，数学也一直为他所好，金克木早年即同数学大家华罗庚很谈得来，华罗庚也是文理兼通。金克木曾钻研过费尔马大定理，临终前写的一篇文章中还涉及高等数学的问题。他还曾和著名数学家江泽涵教授在未名湖畔讨论拓扑学的问题。他还曾就具体的数学问题请教过丁石孙先生，并从丁石孙先生的解释中判断出他所擅长的数学研究领域。

及至晚年，武汉大学教授李工真去拜访他的时候，"他滔滔不绝地给我谈起他近年来对世界数学发展史研究上的心得。他发现15世纪以后所有近代初期的西方思想家和科学家几乎都是数学家，而数学可以说是科学的神经，显示着文化的缩微景象。"

接着，金克木又与李工真谈起作为学者应有的精神状态问题，李工真想起爱因斯坦1918年4月在柏林物理学会举行的马克斯·普朗克60岁生日庆祝会上的讲话《探索的动机》，便背给他听："……促使人们去做这种工作的精神状态是同信仰宗教的人或谈恋爱的人的精神状态相类似的，他们每天的努力并非来自深思熟虑的意向或计划，而是直接来自激情……"金克木很满意，便笑了笑说道，是的，我这一生，最大的乐趣就是"发现的快乐"。

[教书] **从语言到哲学**

金克木擅长多门外语，他曾经凭借历史学家傅斯年（被人称作"傅大炮"）赠送的一本书，掌握了拉丁文。在《忘了的名人》一文中，他生动记下了当时的情形。

1939年暑假，进入湖南大学教法文的金克木到昆明拜访西南联大中文系教授罗常培，罗给了他一张名片，介绍他去见在昆明乡间的中研院历史语言研究所所长傅斯年。

在一所大庙式的旧房子里，一间大屋子用白布幔隔出一间，里面只有桌子椅子。傅斯年叼着烟斗出来，彼此在桌边对坐后，两人开始交谈。

傅斯年讲了一通希腊、罗马，并说，不懂希腊文，不看原始资料，研究什么希腊史。他忽然问金克木，你学不学希腊文？我有一部用德文教希腊文的书，一共三本，非常好，可以送给你。金克木连忙推辞，说自己的德文程度还不够用作工具去学另一种语言。用英文、法文还勉强可以，只是湖南大学没有这类书。傅斯年接着闲谈，不是说历史，就是说语言，总之是中国人不研究外国语言、历史，不懂得世界，不行。后来，傅斯年再次说到用德文教希腊文的书如何如何好，想送给金克木，金克木再度拒绝。

忽然布幔掀开，出来一个人，手里也拿着烟斗。傅斯年站起来给金克木介绍，这是李济先生，随即走出门去。回屋后，傅斯年放了一本书到桌子上说，送你这一本吧。李济一看，立刻笑了，说这是二年级念的。金克木拿起书道谢并告辞。这书就是有英文注解的拉丁文的恺撒著的《高卢战记》。金克木试着匆匆学了后面附的语法概要，就从头读起来，一读就放不下了。一句一句啃下去，兴趣越来越大。据此，他掌握了拉丁文。

上世纪40年代，著名学者吴宓任武汉大学外语系教授兼系主任，同时又是校务委员会委员，他推荐金克木到外文系教梵文。当时，武汉大学找不到教印度哲学的合适人选，而这门课程又是必修课，文学院长刘永济就把金克木安排在哲学系教印度哲学。

这样一来，吴宓不放心了。他十分认真地对金克木说，你教语言文学，我有信心。到哲学系去，我不放心。金克木回答说，到哲学系对我更合适。因为我觉得，除汤用彤先生等几个人以外，不知道还有谁能应用直接资料讲佛教以外的印度哲学，而且能联系比较中国和欧洲的哲学，何况我刚在印度度过几年，多少了解一点本土及世界研究印度哲学的情况，又花过工夫翻阅汉译佛典，所以自以为有把握。吴宓仍不放心，还特意在教室外听了金克木的第一堂课。结果后来，金克木连语言带哲学，就这样讲了下去。

[艺文] **写诗译文最轻灵**

鲜有人知道，金克木是上世纪30年代新诗坛的重要一员，他和戴望舒、徐迟等人交往很深，其《蝙蝠集》和《雨雪集》是现代诗歌史上的重要文献。金先生晚年还写作了大量古体诗。除诗歌外，他还写有小说《旧巢痕》、《难忘的影子》，以及多部散文集。他曾写有《少年徐迟》一文，论及两人在上世纪30年代初期，都向施蛰存先生主编的《现代》杂志投新诗稿，并经过施蛰存介绍相识的情形。

诗人杜南星1939年曾作《忆克木》一文，追忆了金克木创作新诗的情形：

> ……某一夜，我在《现代》上见了金克木的诗，生疏的作者，凝练的诗篇。那题目是《古意》，字句已经完全遗忘了。我对这诗坛新人起了一些微微的遥望之情。过几天，一位姓张的同学告诉我说有人愿意见我，问什么时候有工夫，那位客人正是《古意》的作者。

> 有了主客三人的我的小屋里灯光亮了，语声也繁密起来。我初相识的诗人是一个身材不高，眼睛和嘴唇充分露着捷才的青年，十分健谈，毫无倦意。.

> 第二个晚上他又来敲门了。我们很快地熟起来，毫无拘束。我们谈了许多关于文艺思潮、写作技术和诗歌的新形式及内容的话。因为我把自己的小文给他看，请他批评，他也就把他的诗歌和散文带了来，说是"投桃报李"。那些散文写得明快犀利，文如其人，论文杂感居多，都是从他和一个朋友合办的周刊上剪下来的。诗歌可是珍贵的手稿，达到轻灵自然的最高点，这特色一直在近三四年的诗人之群中露着头角，无人可及。

金克木第一次翻译一首诗中的一节，是从世界语译出的，30年代初发表在北师大一个学生编的周刊上，当然没有稿费。以后，金克木和黄力给另一家报纸编了几期文学周刊，只有每月六元的编辑费，没有稿费。为了凑数，他从世界语译出了两篇短篇小说，《海滨别墅》和《公墓》。两位世界语者蔡方选、张佩苍，办起了只有名义没有门面的"北平世界语书店"，出版了两小本《世汉对照小丛书》，一是蔡方选编的《会话》，一是金克木的这两篇小说。他得到一部世界语译本《法老王》的上中下三大本作为报酬。由此，他进入译匠时期。

此时，金克木在北大图书馆当职员，每月工资40元。他一年译两本书就够全年天天上班的收入了，他想何必还要坐班？自《通俗天文学》开始，金克木下决心以译通俗科学书为业，计划半年译书，半年读书兼旅游。哪知人算不如天算，"七七事变"爆发，他的译匠只做到了1937年。

蜡炬成灰　余温尚暖

［育人］ 大意微言

　　精灵这样的词语，用在一位文化老人身上，似乎总有些不谐。就像与金克木并列"燕园四老"的季羡林、张中行、邓广铭，人们赞誉这些文化老人绝对不会用上这样的轻盈字眼。但金克木不然，沈昌文、陈平原、吴彬，无数人回忆起金克木，总要说到懊悔，懊悔当年没有抓住金克木谈话时偶然流出的那么多奇思妙想，乃至于如今只留下惊艳的记忆，思想本身却已无踪；然后便是回味了，回味金克木滔滔不绝的谈兴，回味老人给每位读者复信的热情，回味每次告别之后还要在门口接着聊上半个小时的悠长余韵——多少思

一
渡
一

想闪光是在这一次次半个小时的门口闲谈里流出来的呀。

是的，触发，让读者读得开心，读得愉悦，短短的阅读过程便能得到大量的新知，并由此形成开始探索更多知识、思考更多问题的路径，这是金克木的写作方法，更是他的文字能够一直葆有魅力、历久不衰的价值所在。

[撰文] **举重若轻**

和其他诸多的文化老人一样，金克木有自己的专业，他对东方语言的研究有开创之功，季羡林和金克木共同的弟子黄宝生曾认为，金克木没有在梵语文学方面，做出一部更厚重的大作品（类似翻译《罗摩衍那》那样），是一大遗憾。这话当然有道理，不过人生有涯，金克木以自己性情的方式，做了一件其他诸多文化老人可能做得都不如他的事：用平易又诱惑的文字，以闲谈的方式，成就了一代读书人。

20年前的《读书》杂志，影响了无数年轻人，一本思想阅读类的杂志，能在边远小县城也引得年轻学生一趟又一趟跑报刊亭的日子，大概也很难再现。金克木是那个时代《读书》杂志的最杰出代表，既谈古，又论今；既谈文，又说理；既能把握思想新潮，又能从中抒发己见——既德高望重，又能放下身段，正是思想传播者的本色。20年后，在互联网时代再回头看当年的《读书》当时吸引人的所谓资讯，如今已经不新鲜了，但在海量的信息和新潮面前，能

金克木题写书法，拍摄于1992年。

准确把握时代并发出独立声音的能力，却已经变得越来越稀缺。我们或许需要好好重读金克木。

[治学] 博古通今

金克木的文字，当然不止于《读书》十年。从上世纪30年代开始，他写诗，写小说，写专业著作，写学术小品，《金克木集》把这些作品汇集在一起，8大卷，400万字，无疑是厚重的。金克木绝大多数时候总是游走于各个专业之间，套用他写斯宾诺莎的那篇《孤独的磨镜片人》里所说的话，他只是在和读者闲谈。这闲谈不乏厚重的内容——比如笛卡尔的哲学，比如八股文的历史，比如格式塔心理学——却有轻盈的气氛。想来这与金克木早年的教师生涯大概有些关系。他曾经回忆说，年轻时去小学校教书，结果遇到县里的督学听课而不自知，滔滔不绝，得了个不会教书的评语；不久后却又来了个省里的督学，他仍不自知，滔滔不绝，竟把督学给听入了迷。金克木自嘲地说不晓得自己到底是会教书还是不会教书。不过从文章看，老先生不但会教书，且让人废寝忘食。比如他谈教育，先从亚里士多德的辩论课说起，让人心仪不已；再从西方而东方、欧洲、印度一大圈，把一大群先哲、一种种教学模式说了个遍，不小心就从教育溜到了传道、修道的人群身上。一个地球转下来，中外的同与不同，说了个清清楚楚，一句"悲夫"做结，意蕴悠长。

金克木有句名言，"书读完了"，用金克木的话说，"总有些书是绝大部分的书的基础，离了这些书，其他书就无所依附……因此，我想，有些不依附其他而为其他所依附的书应当是少不了的必读书"。金克木在这里说的虽然是读书，不小心透露出来的，却是他的观察和思考方式：以我为本，对万事万物都要究其本源，找它最核心最基础的规律，对于旁支杂叶，弃置不理就好。他传奇般地仅靠一本词典和一本《高卢战记》，就掌握了拉丁文，在85岁高龄又学会了上网，想来正是这法门起的作用吧。

一
渡
一

14 林怀民

信仰舞蹈

人们熟知作为编舞家的林怀民，他创办的"云门舞集"坚守舞台近40年，如今已成宝岛台湾的标志文化符号。而作为写作者的林怀民，却有许多不为人知的痴迷和辛酸。他在舞台之外的故事，将借由纸张和文字，徐徐展开。

[采写 / 新京报记者 / 武云溥]

林怀民：舞者的信仰

[序幕] 受伤

"林老师，还有半小时就开演了，服装怎么还没送到！"

1977年9月15日，台北"国父纪念馆"的后台，舞者焦急地抱怨。

"别慌，服装是李老板做的，李老板从不误事，一定送到的。"林怀民一边安慰舞者，一边打电话给服装公司。七点整，云门舞集今天的开幕戏《红线绳》就要上演，现在六点半，林怀民比舞者更急。

他也要登台的。

他也是舞者，同时还是云门舞集的创办人，一切突发状况的负责人。

李老板终于带着衣服来了："你总是不按理出牌，专出怪招来烦我。"李老板也对林怀民抱怨连连，"民族舞蹈的衣服我一天做上百件，你的衣服三天只能做一件。你们又穷，做云门舞衣，我赔时间赔工钱！"

没时间了，赶快换衣服。林怀民说不出话。

李老板又道："不过嘛，一般的衣服是生意，云门的舞衣，是作品。"

顾不上品味这话，灯光亮起，大幕拉开——破天荒地晚了五分钟，所幸没出别的差池。

《红线绳》顺利演完，第二场舞是《盲》，林怀民要亲自登台了。

冷静下来。深呼吸。音乐声起。跳。急翻身。落地。爬。跪转。腾跃——

应该双足落地，但右脚抢了先。

林怀民听到自己的右脚肌肉轻响了一声，随即是钻心的疼痛。

台下坐着5000名观众。他们在静静地欣赏云门的艺术。

咬紧牙关，继续跳。肌肉撕裂，又怎样？

没有舞者不带伤的。

[第1场] **流浪**

开始的开始，是5岁那年，看了一场好莱坞电影《红菱艳》，小孩子林怀民像中了邪，居然学着跳起来。

15岁，他发誓要当个舞者。20岁，他是政大新闻系三年级的学生，知道以自身的条件，不能成为最好的舞者，退而求其次，就做个舞评家吧。

年轻人，想着或多或少，总可以改变世界。1969年9月，22岁的林怀民到美国密苏里新闻学院读书，第一次走出台湾，看到外面的世界。那一年的伍德斯托克音乐节有50万人参加，摇滚乐、大麻、性爱、反战运动……原来，外面是个沸腾的世界。

林怀民来自戒严的台湾，有点发呆。

他开始爱上流浪。1970年圣诞假期，从艾奥瓦出发，一路混到西岸。回去的路上，搭一个长发嬉皮的车，随便找地方过夜，有时睡在公园里。

1973年回到台湾，又感觉封闭得令人窒息。回台第三天，一群朋友聚会，有做电影导演的，有做音乐的，有做舞蹈教师的，大家聊台湾艺术界的苦闷近况。有个女孩子一直沉默，最后忍不住叫起来："你们这些男生无聊透了！"气冲冲夺门而去。

林怀民吓一跳。后来知道这女孩去了非洲，四年后再见，她有了新名字——三毛。

那天对他来说意义重大：朋友们说，林怀民你不是懂舞蹈吗，你不是说从美国回来要做点事吗？那就做个舞团好了。

林怀民说好，台湾还没有真正的现代舞团，应该有。这是1973年的秋天，就这样有了"云门舞集"。

父亲告诉林怀民，舞蹈家是全部艺术家里面最伟大的，因为跳舞要用自己的身体。林怀民开始学编舞，在家里喝了酒后跳给自己看，越跳越苦闷，一个礼拜可以喝掉三瓶烧酒。

练舞场差不多12平方米，舞者晚上就打地铺睡在那里。有天晚上刮大风，林怀民突然想去看看。推门进去，只见两个女孩子正对着镜子练习。林怀民脱掉鞋子就开始给她们上课。练完舞，林怀民要走了，两个女孩说：

老师，谢谢你。

林怀民冲下楼，在漆黑无人的巷子里狂奔。

必须做出点事情来，为自己，也为他人。父亲告诉林怀民，海峡那边正在闹"文化大革命"，他们喊很多口号，最重要的一句是"为人民服务"。

有道理哦，林怀民想，我也要"为人民服务"。

[第2场] 执迷

父母都是佛教徒，林怀民从小就被牵着到庙里晃来晃去，听到很多传奇故事。原来佛陀是印度的王子，名叫悉达多。王后梦到白色的大象于是怀孕，从胳肢窝里生下了他。悉达多坠地便会走路，走过的地方就开出莲花。他原本无忧无虑，有一天走到了城里，看到人们生老病死、离别苦痛，王子的心中也有了烦恼。他想寻找解脱的方法，就开始修行，每天只吃一粒米，直到形销骨立。这样过了六年，悉达多没有找到真理，他就渡过尼连禅河，走到一个叫作菩提迦耶的村庄，坐在一棵菩提树下打坐冥想。想了七天七夜，终于觉悟成佛：原来人生是空的，世事无常，种种苦难都来自欲望。

1994年，林怀民带着云门舞集在新加坡演出，飞机上偶然看到报纸的旅游广告，写着"印度·圣地"。林怀民突然就想到了佛陀的故事，想到了菩提迦耶。那年夏天，他就去往印度，随身带了本书，是黑塞的《悉达多》，台湾译名《流浪者之歌》。

　　印度让林怀民震惊：脏乱、贫穷，生老病死都在街头发生。在恒河边上，林怀民看到骨灰撒入河中，还有焚烧一半的残尸逐波而下，下游的信徒面不改色地掬起"圣水"，仰头吞下。生死有界，流水无痕。

　　还有特别多的乞丐，永远伸着手。林怀民每天哭泣，不知道该怎么办。他把钱放到一只伸出的手里，马上有更多只手伸过来。想起云门舞集创立之初，还是父亲说的话："跳舞可以是乞丐的行业。"

　　前尘往事，扑面而来。

　　"跳舞不是你唯一的出路，既然要干，就得全力以赴。"1973年的林怀民对自己说，"台湾不必多一个玩票的舞者，你希望云门能让自己骄傲，让社会振奋。"然而苦难皆来自欲望，想做事，便有代价。林怀民绞尽脑汁，编排舞蹈，请作曲家写曲子，找音乐家演奏，一点一点地练习，练到所有的舞者都恨自己。台湾没有艺术经纪人，排练和演出的场地都要自己想办法联络。每到月底，义务帮忙处理账务的王小姐就会来找林怀民："下周发薪，还差一点。"她伸出两根指头。"两千？"她摇头："两万！"

　　上世纪七八十年代，现代舞在台湾尚属新鲜事物。报纸编辑文化版的长辈们告诉林怀民：光跳舞不行，还要写文章讲你在做什么，不然社会不懂。

于是排练间隙，别人休息，林怀民埋头写字。他不再是一个快乐的舞评人。他需要担心、焦虑、卖力吆喝，避免云门人真的变成乞丐。

[第3场] **帮助**

在印度，林怀民看到了终生难忘的一个笑容。

那是在瓦拉纳西，印度教的圣城，林怀民站在月台上等待火车。火车从来不会准时，那么就等吧，可能要等七八个小时。

一个小孩走过来，看上去差不多五岁。小孩对林怀民说："shoe polish，shoe polish。"意思是"我给你擦鞋"。

林怀民说，我穿的是运动鞋，不需要擦。

小孩说："Please（求你了）！"

林怀民说，好。

擦完鞋，林怀民问多少钱，小孩回答，两个卢比。

林怀民掏出十个卢比。

"他抬起头来，那个笑容我一辈子忘不了。"17年后的2011年3月26日，林怀民在北京大学讲演，说到这里眼圈红了："他拿着十个卢比走了，一路回头看着我笑。我也不管是在月台还是在什么地方了，放声大哭。"

最艰难的时候，谁知道谁会帮助你？

云门舞集像一列停不下来的火车，向前高速运行。1975年秋天，两度赴海外公演之后，林怀民决定下车。

他累了，编不出新舞，找不到钱。他宣布解散，关起门来一个人喝酒，几乎精神崩溃。

然而舞者们没有走。某天午夜，一直关心云门舞集的俞大纲先生打来电话："云门是一个新的开始，不能刚开始就放弃。你还年轻，只要坚持下去，吃再大的苦头，总会看得到它成熟，总会得到安慰。我年纪一大把，看不到那一天了，但是我还是愿意尽我的力量来鼓舞你们……你不许关门！"

一夜无眠。第二天，林怀民去拜访仅有一面之缘的叶公超先生。叶先生在五分钟内答应，出面召集云门基金会。云门终于有了一笔为数不大却足以解饥救急的周转金。

林怀民重新振作起来。俞大纲先生是戏曲和古典诗词大家，教林怀民听京剧，还给他讲李商隐的"夕阳无限好，只是近黄昏"，慨叹大陆"文革"灾难空前，中华文化的传承要靠台湾。1978年5月的一个清晨，林怀民打电话给俞先生，请教一些唐诗的问题。接电话的办公室小姐慌乱地说："你要找俞先生，到台大医院太平间！快去！"原来那天俞先生心脏病发，猝然离世。

这是林怀民第一次面对长辈的过世，他奉俞大纲为恩师。2011年，林怀民出版新书《高处眼亮》，扉页上写着：献给俞大纲先生。

[第4场]　**悟道**

　　林怀民没想到，因为云门舞集声誉日隆，他又有机会频繁出游了，频繁到只要想起机场和飞机，就要忧郁到自闭。在很多批评家眼里，林怀民和他的云门舞集，不仅是台湾的文化符号，也代表了亚洲现代舞的最高水准。

　　但这样的独立艺术团体，在80年代的台湾，还是举步维艰。1980年，美国公演归来的云门舞集面临前所未有的债务：200万。林怀民苦闷许久，决定"出门做点事"，给自己鼓励。于是云门开始到民众普遍低收入的小城镇做免费演出。

　　在松山商职操场，舞台露天，还下着雨，台下观众6000，始终不肯离去。每演完一支舞，工作人员就赶紧上去抹地板上的雨水。舞者跳着跳着滑倒了，笑嘻嘻爬起，继续跳下去。散场后，一位矮胖妇人拉住林怀民："一直在报上看到你们打拼的消息，可是我平时晚上走不开，不能去国父纪念馆。今天你们来我们这里表演，说什么我也要把杂货店关掉来给你们加油。"她掏出3000块要请舞者们宵夜："我看你们都太瘦了。"

　　1988年，林怀民觉得"撑不下去了"，云门舞集解散。

　　接下来的两三年，他辗转迁徙，失魂落魄。经常有人在街上认出他来："你是林老师吗？加油！"有个满脸青春痘、穿着中学校服的男孩子，在公车上拼命挤过来："林老师，云门舞集为什么要解散？我喜欢《寒食》和《白蛇传》……云门解散了，我们要看什么呢？"

有一次林怀民打车，司机问他，云门为什么停掉了？林怀民说很辛苦，司机表示理解。下车时，司机说："林先生，请问什么行业不辛苦？我们在台北的马路上讨生活也很难，但是台湾不可以没有云门，请你加油。"

1991年，林怀民宣布，云门舞集复出。

三年后，他终于走到了菩提迦耶，看到了悉达多王子成佛的菩提树。这是佛教传说中的极乐净土，然而树下的人，除了朝圣的信徒，就是乞丐——上百个乞丐，有肢体残废的，有得麻风病的，他们趴在地上，苍蝇爬在他们身上，到处都是。

旁边就是摩诃菩提佛寺。林怀民冲进佛寺，指着佛陀大骂：2500年过去了，你在搞什么啊！你看着世人受苦受难，现在还是这个样子，你在搞什么啊！

骂完之后，林怀民跪在佛前痛哭。他突然发现，佛陀也是一个凡人。

"那一刹那，我变成了一个佛教徒。"林怀民说。

[第5场] 重生

在公众印象里，林怀民就是云门舞集，云门舞集就是林怀民。可在他自己心里，不是这样。"没有舞者就没有云门。"

台湾只有民间的业余舞蹈社，舞者是不受社会尊重的职业。所以云门的舞者，几乎都遭到家人反对，于是叛家而来云门，住在排练场里。"他们拿的钱大概就是一个普通女工的钱，到今天为止还是一样的。"林怀民说，"非常资深的台湾第一代舞者，跳了二十几年，没有他们，哪有云门？"

于是林怀民一边操持舞团，一边在政治大学当教师，把教书的薪水拿来补贴云门。2008年，云门舞集600余平米的排练场失火，全部家当付之一炬，林怀民近乎绝望。

然而消息传开，不到一个月时间，台湾各界自发为云门捐款，腰缠万贯的企业家和捧着储蓄罐的小学生一起慷慨解囊，捐出了约一亿人民币，使云门绝处逢生。

2010年9月，云门舞集在杭州西湖边公演《白蛇传》，观众上万。林怀民感动的是，演出时无人拍照，演出结束万人散去，地上没有一片纸屑。

"不要害怕，你当无所畏惧。"1994年在离开印度的飞机上，林怀民听见一个声音这样说。那天在佛前哭过骂过，他就去菩提树下打坐冥想。他本是一个坐不住的人，实在因为坐不住，只愿跳来跳去。可是在菩提树下盘腿坐定，居然坐了很久很久，心下一片空明。不晓得过了多少时间，林怀民觉得额头发烫，慢慢睁眼，见阳光从菩提树叶间洒下一束，正落在自己额上。

"我真的听到佛的声音了吗？还是我说给自己听的？"林怀民说，"不知道。可从那以后，我过得很好。我知道人生不再有成败得失，我随时可以出走流浪，去做我想做的事。"

回到台湾，林怀民就编出了舞蹈《流浪者之歌》。舞台上铺满金黄色的稻米，宛若流沙。舞者们手持长长的树枝，披沙而行。这是一支朝圣的舞蹈，排练第一个月，林怀民让舞者们什么都不做，每天打坐冥想。他的要求只有一个字：悟。

　　2011年4月1日，北京，国家大剧院。云门舞集《流浪者之歌》即将上演。

　　你知道吗，这是舞者的信仰。

　　（本文素材来自林怀民著《高处眼亮》一书，及林怀民在北京大学和时尚廊书店的两场讲座，图片由北京贝贝特出版公司提供）